Moshe Zimmermann

Die Angst vor dem Frieden

Moshe Zimmermann

Die Angst vor dem Frieden

Das israelische Dilemma

aufbau

ISBN 978-3-351-02717-9

Aufbau ist eine Marke der Aufbau Verlag GmbH & Co. KG

1. Auflage 2010

Umschlaggestaltung heilmann/hißmann, Hamburg
Druck und Binden CPI – Clausen & Bosse, Leck
Printed in Germany

www.aufbau-verlag.de

Michael und Itamar, meinen Enkeln,
um deren Zukunft ich bange

Inhalt

Vorwort

Der Friedensprozess im Nahen Osten schädigt den Ruf des Begriffs. Denn dieser Prozess ist nicht nur endlos, er scheint auch aussichtslos zu sein – zum Ziel, zum Frieden, wird er aller Wahrscheinlichkeit nach nicht führen. Man redet ständig vom Auf und Ab dieses Prozesses, doch seit Langem steht fest: Plus ça change, plus c'est la même chose, man läuft im Kreis, im Teufelskreis. Der Prozess ist Synonym für Stillstand oder Perpetuum mobile geworden. Der einzige Ausweg scheint somit über eine Katastrophe führen zu müssen. Was für eine Perspektive.

Auf diesem Hintergrund überraschen die Schuldzuweisungen in der Debatte um die Ursachen und Gründe des aktuellen Zustands nicht. Es ist immer die andere Seite, die den Friedensprozess aufhielt oder zum temporären Scheitern gebracht hat. Dass *beide* Seiten, Israelis und Palästinenser, prinzipiell mit ihren Schuldzuweisungen recht haben, verwundert auch nicht: Der Konflikt zwischen Juden und Arabern in Palästina hätte durch die Annahme bzw. Durchsetzung des UN-Beschlusses über die Teilung Palästinas vom November 1947 – die Zwei-Staaten-Lösung – beendet werden können. Zuerst wurde der Vorschlag von der arabischen Seite abgelehnt, seit 1967 dann von Israel umgangen und für die PLO inakzeptabel. Schließlich kam es 1988 zu einer Wende bei den Palästinensern, als die PLO das Existenzrecht Israels anerkannte, aber auch zu einer Wende in Israel – unter der Ministerpräsidentschaft Yitzhak Rabins – gegenüber der PLO als Gesprächspartnerin und Vertreterin des palästinensischen Volkes, zu einer Wende, die die folgende Likud-Regierung allerdings wieder rückgängig machen sollte.

Denkt man konstruktiv, geht man davon aus, dass das Rad der Geschichte nicht zurückgedreht werden kann, sucht man in der Gegenwart nach Gerechtigkeit, will man im selben Atemzug auch pragmatisch sein und Völkerwanderung oder gar Massenmord verhindern, bietet sich die Zwei-Staaten-Lösung zur Auflösung des Nahost-Problems als die beste aller Möglichkeiten an. Zwei Staaten nebeneinander, die später in einem weiteren Prozess, wenn sie denn gewillt sind, zu einer Regelung finden können, die auf beide Staaten übergreift und die Grenzen überwindet.

Die folgenden Ausführungen hat ein israelischer Historiker geschrieben, der sich vor allem für die Rolle und Verantwortung Israels im besagten erfolglosen Friedensprozess interessiert. Bereits vor 14 Jahren habe ich in meinem Buch *Wende in Israel. Zwischen Nation und Religion* darauf hingewiesen, dass der Konflikt sich weitgehend von einem nationalen zum religiösen gewandelt hat. Diese Beobachtung ist auch heute zutreffend. Als Historiker versuche ich, die Rolle und Verantwortung der »anderen« – von Palästinensern, Arabern, Muslimen oder wem auch immer – nicht zu ignorieren oder herunterzuspielen; ich konzentriere mich jedoch auf die Konzeptionen, Glaubensbekenntnisse und Entscheidungen, die meines Erachtens *von israelischer Seite* aus dazu beigetragen haben, dass der Friedensprozess nicht vorankommen kann.

Der Historiker weiß aber: Einen Stillstand kann es auf Dauer nicht geben, weil sich die Rahmenbedingungen im

Laufe der Zeit verändern. Zwar kommt, wie gesagt, der Friedensprozess nicht voran, aber es fehlt nicht an vollendeten Tatsachen, die den weiteren Verlauf der Ereignisse mitbestimmen und das Ende des Stillstands so oder so herbeiführen werden. Insbesondere die unübersehbare und unermüdliche Fortsetzung der Siedlungspolitik in den von Israel besetzten Gebieten mit der damit verbundenen Präsenz des Militärs schafft neue Tatsachen, die bereits jetzt den Friedensprozess und eine Zwei-Staaten-Lösung ernsthaft gefährden.

Der Rahmen für diese Dynamik ist gegeben: eine Angst vor dem Frieden, die größer ist als die Angst vor dem Krieg, ein tiefsitzendes Misstrauen gegenüber Palästinensern, gegenüber Arabern und Nichtjuden überhaupt, eine kollektive Erinnerung, die das Andauern der Traumata fest verankert, religiöse Überzeugungen, die die Politik beeinflussen. Den Beitrag der Palästinenser oder Araber zum Misserfolg des Friedensprozesses zu beschreiben, das überlasse ich einem Palästinenser. Einseitig oder unfair ist die folgende Analyse jedoch nicht.

Ich werde mich vor allem mit der Frage befassen, warum die Angst vor dem Frieden in der israelischen Gesellschaft so verbreitet ist und weshalb diese Angst größer ist als die Angst vor einer großen Explosion der Lage oder vor der Fortsetzung des prekären gegenwärtigen Zustands. Dabei wird sich zeigen, dass Geschichte, Geschichtsverständnis, Traumata, Nationalismus, Religion, Vorurteile und Fanatismus diese Angst erklären und schüren können. Außerdem wird in diesem Zusammenhang aufgedeckt, wie diese Faktoren instrumentalisiert werden, um die schweigende oder wenig nachdenkende Mehrheit von der vermeintlichen Aussichtslosigkeit jeder konstruktiven Alternative zu überzeugen. Dabei wird hier nicht die wohlbekannte und irrtümliche Behauptung wiederholt, die politische Klasse sei am Kriegszustand nach außen interessiert, weil dieser Zustand vor der Spaltung der Gesellschaft – zwischen Ashkenasim und Sephardim, zwischen religiösen und säkularen Juden etc. – nach innen bewahrt.

Der Tel-Aviver Professor für politische Psychologie Dani Bartal ging in seinem im Jahr 2007 veröffentlichten Buch *Mit dem Konflikt leben* von der allgemeingültigen Prämisse aus, dass Gesellschaften, die in unkontrollierbare Konflikte verwickelt sind, von einer kollektiven Angst durchdrungen werden. Die Erfahrung des Konflikts, die Gewalt, die man als Kollektiv erlebt hat oder an die das Kollektiv ständig erinnert wird, und nicht zuletzt die Ungewissheit über den Ausgang des gegenwärtigen Zustands erzeugen eine »kollektive Orientierung auf Angst«. Wie der Boxer, der sich auf den nächsten Schlag einstellen muss, so lebt auch das Kollektiv, das sich in einem Konflikt befindet, im permanenten Angst- und Spannungszustand. Nur führt dieser Zustand bei Gesellschaften zu einer pawlowschen Reaktion: Man weiß nicht, anders als der Boxer, ob man im Kampfring ist oder nicht. Man fragt nicht nach den Absichten und Motiven des anderen, man kann sich darüber hinaus keine Alternative zum Konflikt vorstellen. Das Bild des Feindes bleibt, vereinfacht gesagt, von neuen Kenntnissen und Fakten unbeeinflusst. Es herrscht ein tiefes Misstrauen gegenüber den Kontrahenten, ein Drang zur Delegitimierung des Feindes. Dies gilt auch im spezifischen Fall des Nahostkonflikts und eindeutig, wenn es um die Denk- und Handlungsweise der Israelis und ihrer Politiker geht. Die Angst vor dem Terror, die Angst vor den Arabern im Allgemeinen, die Angst vor ABC-Waffen, so die Meinungsumfragen im letzten Jahrzehnt, ist so groß, dass »Angst-Botschaften« in dieser Gesellschaft, die eigentlich auf Wohlstand und modernes »gutes Leben« eingestellt ist, äußerst effektiv bleiben. Keine Wahlpropaganda zum Beispiel ist so effektiv wie die Botschaft der Angst. Diese Angst führt nicht zu Kompromissbereitschaft, sondern zur Verhärtung von Vorurteilen und Misstrauen. Statt den militanten Angstmachern und Verursachern des katastrophalen Zustands im eigenen Lager die Stirn zu bieten, lässt man ihre Saat aufgehen. Je größer das Gefühl der Bedrohung, desto weniger kompromissbereit die Haltung in Bezug auf den Konflikt. Der Ballast an Ängsten erklärt auch die Angst vor dem, was man Frieden nennt oder als Friedenslösung vorschlägt.

Um konstruktiv zu agieren, um gegen diese psychologische Reaktion zu steuern, so der Psychologe, soll man die Angst durch Hoffnung ersetzen. Leichter gesagt als getan. Denn die Falken und ihre Anhänger im Umfeld verbreiten nicht nur Angst, weil sie eine reale Angst hegen, sondern sie instrumentalisieren oft das Potenzial der Angst ganz bewusst und zynisch aus Eigeninteresse, um die Mehrheit der Gesellschaft als Geisel mit in den endlosen Zustand des Unfriedens zu reißen. Eine Parole in Benjamin Netanyahus 1995 veröffentlichtem Buch *Platz unter der Sonne* lautet: »Im Nahen Osten geht Sicherheit vor Frieden und Friedensverträgen. Wer das nicht versteht, wird ohne Sicherheit, ohne Frieden bleiben. Am Ende wird er verschwinden.« An anderer Stelle schreibt er: »Frieden im Nahen Osten ist ein über Abschreckung oder Gewaltanwendung zu erreichender Frieden.« Daraus kann man nur einen Schluss ziehen: Da die Sicherheit in keinem Fall garantiert ist, da der Feind perfide ist und man sich an die bekannten Risiken des seit hundert Jahren bestehenden Konfliktzustands gewöhnt hat, soll man sich vor dem Frieden oder vor Friedensbemühungen hüten. Da man sowieso auf Abschreckung des Gegners setzen muss, könnte man auf das, was nur Frieden zu sein scheint, eher verzichten.

Wie diese mentale Haltung sich in den letzten 15 Jahren noch tiefer in der israelischen Gesellschaft verankern, immer stärker verbreiten und durchsetzen konnte und welche Gruppierungen und Interessen dahinterstehen, soll in dieser Abhandlung erörtert werden.

1. Die Angst vor zerstörten Mythen

Der Staatssekretär im israelischen Außenministerium Uri Savir, eine zentrale Figur während der Verhandlungen zwischen dem Staat Israel und der PLO zur Zeit des Osloer Abkommens 1993 und Parlamentarier bis 2001, schrieb in seinen vor zehn Jahren veröffentlichten Memoiren: »Jedes Jahr wiederholen wir im Pessach-Gebet den Satz: ›In jeder Generation versucht man uns zu vernichten, doch der barmherzige Gott kommt zu unserer Rettung.‹ Gegen Ende des 20. Jahrhunderts agierten die Führer des Staates Israel aufgrund der Annahme, dass diejenigen, die uns vernichten wollen, ewig Bestand haben; dass wir aber stark genug sind, um einige von ihnen sogar als Partner zu gewinnen; dass wir nicht ewige Opfer sein müssen; dass wir sogar den Fehler begehen können, andere zu unseren Opfer zu machen. ... Heute sind wir ein moderner Nationalstaat, keine Ghetto-Gesellschaft mehr. ... Das Leben in dieser Region der Welt wird nie wieder wie vor Oslo sein.«

Savir hatte damit den Kern der Sache getroffen: Die Wende, die das Osloer Abkommen hätte einläuten sollen, hätte zu einem Wandel in der Grundhaltung der Israelis gegenüber der Welt geführt. Statt überall nur Bedrohungen zu wittern, statt den »anderen« stets mit Gefahr und Feindschaft zu assoziieren und immer nur Angst vor »List und Tücke« des Gegners zu hegen, hätte man gelassen und selbstbewusst mit der

Umwelt umgehen, den Frieden suchen können und ihn nicht fürchten müssen. Es war eine scharfsinnige und sehr zeitgemäße Beobachtung, nur beruhte sie auf einem unbegründeten Optimismus. Die Mentalität der Israelis hat sich am Ende des 20. Jahrhunderts *nicht* geändert; die Annahme, dass die gesamte Welt Juden und Israel gegenüber feindlich gesinnt sei, blieb weiterhin das Fundament des israelischen Politikverständnisses, und gerade deswegen, nicht infolge taktischer Fragen, musste der Oslo-Prozess scheitern. Das Misstrauen gegen die nichtjüdische Welt und vor allem gegenüber den Vertretern der arabischen oder muslimischen Seite schürte die Angst vor einem Frieden, den man allein als eine Heimtücke voller Fallen verstehen wollte.

Wenn die Welt tatsächlich Juden und Israel gegenüber feindlich eingestellt sei, so hörte man bereits vor der Staatsgründung im Jahr 1948, sei ein Frieden mit dem unmittelbaren Feind schlicht unmöglich. Dann werde die Rede vom Frieden zum Mittel, um Juden bzw. Israel von der eigentlichen Realität abzulenken. Deshalb witterte man seither ständig und überall nur Gefahren und interpretierte im Nachhinein die gesamte jüdische Geschichte einschließlich der Geschichte des Zionismus seit dem Ende des 19. Jahrhunderts als Geschichte einer prädestinierten, existenziellen Auseinandersetzung zwischen Juden und ihren vermeintlichen oder wirklichen Gegnern. Für den Nahen Osten bedeutete diese Geschichtsinterpretation, dass die arabische Umgebung von Anfang an eine gewissermaßen angeborene Zionisten- und Judenfeindschaft zum Ausdruck gebracht hätte. Die Geschichte des zionistischen Unternehmens in dieser Region wurde als eine Kette von Provokationen und Gewaltakten der arabischen bzw. palästinensischen Bevölkerung dargestellt, auf die jüdische Zionisten meist mit der Waffe reagieren mussten. Die Angst wurde so zum ständigen Begleiter der jüdischen Gesellschaft des *Yishuvs* vor 1948 und der israelischen Gesellschaft nach der Staatsgründung. Sie wurde zum konstanten Argument einer ablehnenden Haltung gegenüber Friedensangeboten oder um den Frieden bemühter Vermittler. Nun verhält es sich allerdings nicht so, dass es an wirklichen Gefahren und Feinden in der jüdischen Geschichte gemangelt hätte oder die herrschende Angst immer unbegründet gewesen sei. Es verwundert niemanden, dass die Shoah traumatische Spuren hinterließ. Was aber in der kollektiven Erinnerung eine Hauptrolle spielt, ist eine Geschichtskonstruktion, die nur eine einzige Devise gelten lässt: Immer auf der Hut sein, um nicht von der Welt »ausgetrickst« zu werden.

Diese Haltung hat der alt-neue israelische Ministerpräsident Benjamin Netanyahu im September 2009 in einer Ansprache anlässlich des jüdischen Neujahrfestes vor Parteifunktionären auf den Punkt gebracht: »Wir wollen den Frieden, aber wir wollen keine ›Freier‹ sein.« Das deutsche Wort meint hier im Hebräischen den einfältigen, dummen Menschen, den Deppen. Was Netanyahu sagen wollte, war also, dass die Israelis nicht bereit sind, die Deppen des Nahen Ostens zu spielen. Wir kennen die *Gojim*, die Nichtjuden, wir kennen unsere Nachbarn. Wenn schon, dann sind wir es, die die anderen austricksen.

Will man nicht in die Rolle des »Freiers« schlüpfen, muss unbedingt auf jede angebliche Provokation mit voller Gewalt reagiert werden. So waren der israelischen Geschichtsinterpretation zufolge alle von Israel geführten Kriege »gerechte Kriege«, also von außen aufgezwungene Kriege, erforderliche israelische Vergeltungsschläge, notwendige Reaktionen oder

Antworten auf Angriffe und Provokationen. Entsprechend wurde der Krieg von 1948 dargestellt, so werden der Sechstagekrieg von 1967 und der Yom-Kippur-Krieg von 1973 rezipiert, aber auch der Sinaifeldzug des Jahres 1956 oder die beiden Libanonkriege 1982 und 2006. Kritische Stimmen in Israel, darunter die der sogenannten »neuen Historiker«, zweifelten diesen pauschalisierenden Mythos vom ewigen Feind an und stellten die Entstehungsgeschichte dieser Kriege anders dar. Der Libanonkrieg 1982 bot sich als erstes Beispiel für eine Revision an, denn das Attentat auf einen israelischen Diplomaten im Ausland als *Casus Belli* gegen den Libanon hielten auch viele Vertreter der israelischen Durchschnittsöffentlichkeit für übertrieben. Auf den Sinaifeldzug, den Israel als Partner der beiden sich im Abgang befindlichen Kolonialmächte Großbritannien und Frankreich führte, konnte man im Zeitalter des Postkolonialismus ebenfalls nicht mehr ohne Skepsis zurückschauen. Und spätestens 1997, zum 30. Jahrestag des Sechstagekrieges, begann man über die Unvermeidlichkeit dieses Krieges nachzudenken. Dann stellte die Forschung sogar den als Unabhängigkeitskrieg deklarierten Krieg von 1948 in einen breiteren historischen Kontext und hinterfragte zunehmend die damaligen Entscheidungen auf israelischer Seite. Eine alternative Geschichtsinterpretation thematisierte zudem die von den Zionisten verpassten Chancen, vor 1948 eine Verständigung mit der arabischen Welt herbeizuführen. Und heute, im Jahre 2010, wird sogar der Mythos von den unvermeidbaren Anfängen des Konflikts in Frage gestellt.

Der Mythos der Bewegung des *Ha'Shomer* ist eines der Gründungsnarrative des Staates Israel. Ihm zufolge seien die ersten jüdischen Kolonien, die gegen Ende des 19. Jahrhunderts von den nach Palästina eingewanderten Zionisten gegründet wurden, ständig der Gefahr des Angriffs arabischer Banditen ausgesetzt gewesen. Deshalb habe man sich entschieden, eine Selbstwehr-Organisation zu schaffen, die den Namen »Der Wächter« (*Ha'Shomer*) trug. Bewaffnete jüdische Wächter sollten die jüdischen Siedlungen gegen arabische Angreifer schützen. Der *Ha'Shomer* wurde seitdem zum Vorbild des neuen, wehrhaften Juden, der sich gegen Araber mit der Waffe in der Hand verteidigen kann. Dieses Bild des tapferen *Ha'Shomer*-Mitglieds stand im klaren Gegensatz zum Stereotyp des schwachen, wehrlosen Diasporajuden, der so oft Opfer von Pogromen geworden war.

Die folgende Frage galt bisher als illegitim: War die Gefahr tatsächlich so groß, dass man schon zu früher Stunde des Zionismus zu derartigen Maßnahmen greifen musste, oder war die Vorstellungswelt der Zionisten nicht viel eher so stark vom Mythos des schwachen Diasporajuden geprägt bzw. von europäischer Überheblichkeit beeinflusst, dass man auf kleinste, auch vermeintliche Provokationen überreagierte, nur um beweisen zu können, dass das stereotype Bild des Diasporajuden nicht mehr der Wirklichkeit der jüdischen Gesellschaft entsprach? Die hegemoniale Geschichtsdarstellung in Israel, das Erziehungssystem, die Schulbücher und die Medien gehen bis heute von dem Kontrast zwischen dem »gebeugten« Diasporajuden und dem stolzen »aufrechten« Juden in Israel aus, aber ebenso von einem prädestinierten Konflikt zwischen Juden und Arabern. Ihnen gilt *Ha'Shomer* als erste Schwalbe im jüdisch-zionistischen Frühling, das heißt als Vorläufer des heutigen israelischen Militärs, das sich »Israelische *Verteidigungsarmee«* nennt. »Der neue Jude«, »der Zionist« – so der Mythos – unterscheidet sich also grundsätzlich »vom alten

Juden« durch seine wehrhafte Haltung. Er kann und will sich verteidigen, er ist alles andere als »Freier«. Die *Gojim* jedoch, so geht die Selbstdarstellung weiter, haben ihre Haltung nicht geändert – sie machen Juden gestern wie heute zu Opfern und trachten ihnen nach dem Leben.

Diskutiert man heutzutage mit Vertretern der herrschenden, also rechtsorientierten Meinung in Israel über den Nahostkonflikt, begegnet man der Grundannahme, dass die *Gojim* ohnehin – im Fall Israels also Araber oder Muslime – keinen Vorwand für ihren Hass auf Israel brauchten, weil sie gewissermaßen von Natur aus Israel bzw. Juden gegenüber feindlich eingestellt seien. Deswegen halten die meisten Israelis die Diskussion um die Siedlungspolitik seit 1967 als eigentliche Ursache oder Katalysator des Konflikts für abwegig; denn, so heißt es, die Araber haben nicht nur 1948 den Krieg gegen Israel entfesselt, sie haben schon vorher Pogrome gegen Juden in Palästina durchgeführt, wie zum Beispiel 1929 in der Stadt Hebron, und »schon immer« friedliche Juden ohne Grund angegriffen, wie eben zur Zeit der Gründung des *Ha'Shomer*, also noch vor dem Ersten Weltkrieg. In der darüber geführten Debatte versuchen die Vertreter der Gegenmeinung die Tatsachen selbstverständlich nicht zu ignorieren – in Hebron wurden 1929 nach offiziellen Angaben 66 Juden pogromartig ermordet; zweifellos haben die arabischen Staaten 1948 dem neuen Staat Israel den Krieg erklärt –, aber der Kontext des jüdischen Nationalismus wird herangezogen, um die Schlussfolgerungen zu relativieren. Gegen den Strom argumentierende professionelle Historiker erlauben sich eine alternative Interpretation der Geschichte, erhalten aber meist heftige Schelte oder wenig Zustimmung in der israelischen Gesellschaft. Der Konsens ist nicht zu überwinden, die Ausgangssituation bleibt unumstritten: Juden wurden und werden stets mit Judenfeindschaft konfrontiert, auch im neuen Zufluchtsort im Nahen Osten. Bereits die ersten *Aliyot*, also Einwanderungswellen nach Palästina, seien auf arabische Feindschaft gestoßen, der Konflikt sei vorprogrammiert – *Ha'Shomer* eine antiarabische Notwendigkeit gewesen.

Nun hat Gur Alroi, ein junger Historiker der Universität Haifa, einen erfrischenden und wichtigen Beitrag zur Entmythologisierung des *Ha'Shomer* geleistet. Statt einer Geschichte des *Ha'Shomer*, die wie bisher hauptsächlich auf Erinnerungen der *Shomrim* (»Wächter« als *Ha'Shomer*-Mitglieder) selbst beruht, legte er eine Studie vor, die auf Dokumenten aus der Zeit des *Ha' Shomer* basiert. Diese Archivmaterialien erzählen eine vom herkömmlichen Mythos stark abweichende Geschichte. Sie zeigen, dass bereits in den ersten Jahren der zionistischen Kolonisation in Palästina von einer unausweichlichen Konfrontation zwischen Arabern und Juden ausgegangen wurde. Man hatte nicht nur die Idee des Selbstschutzes aus dem von Pogromen geplagten zaristischen Russland in ein Land mit traditionell anderen Beziehungen zwischen Juden und Nichtjuden importiert, sondern fühlte sich außerdem Arabern prinzipiell überlegen. Die Dokumentation beleuchtet auch das brutale Vorgehen der jüdischen *Shomrim*, das bei Arabern Unzufriedenheit und Hass geschürt hat und so die Feindschaft zwischen beiden Gruppen zur *Selffullfilling Prophecy* werden ließ. Diese Verhaltensweise fügte sich in den allgemeinen Kontext des zionistischen Unternehmens – Zionisten waren als europäische Kolonisten nicht auf Kooperation mit der einheimischen Bevölkerung eingestellt, sondern intendierten deren Unterordnung. Selbstverständlich lässt sich im Nachhinein nicht mehr feststellen, ob bei einem alternativen Herangehen an die bilaterale Beziehung der Konflikt hätte vermieden werden können. Deutlich wird allerdings, dass die national-bewegten Juden, in diesem Fall der *Ha'Shomer*, einen Weg beschritten, der eine ablehnende Reaktion vonseiten der Araber begünstigte. Die jüdischen Akteure motivierte also mehr die Angst vor einer Wiederkehr des »alten Juden« als die akute Notwendigkeit, eine wirklich existenzielle Gefahr abzuwehren und zu bekämpfen. Im Gegenzug wurde auf der arabischen Seite Misstrauen hervorgerufen, das sich wiederum als vermeintliche Bestätigung der Ausgangsposition der Zionisten anbot.

Der Artikel des jungen Historikers trug nicht nur dazu bei, die Legende vom *Ha'Shomer* zu entmythologisieren. Er verdeutlicht auch, wie sich ein historischer Kreis schließt. Alles deutet darauf hin, dass die fanatische »Hügeljugend«, also die militantesten unter den Siedlern von heute, eine Tradition und eine mentale Disposition fortsetzen, die es seit den Anfängen des Zionismus in Palästina gegeben hat.

Für die israelische Politik wie auch für die Öffentlichkeit gilt die alternative Geschichtsinterpretation als Blasphemie; denn sie unterminiert die Grundhaltung der israelisch-zionistischen Gesellschaft und ihre Handlungsweisen. Deshalb ist auch die Abwehr dieses Geschichtsverständnisses so erfolgreich. 75 Prozent der jüdischen Wähler demonstrierten diesen Erfolg auf politischer Ebene, als sie 2009 rechte Parteien wählten, die auf die Rolle von Juden und Israelis als ewigen Opfern bauen, sich für den Präventivkrieg gewissermaßen als Prophylaxe einsetzen und im Verhalten gegenüber der Welt bzw. bei Friedensverhandlungen absolut nicht als »Freier« gelten wollen.

Zweifellos sei zugestanden: Der Erfolg des Konsenses im

Hinblick auf das Geschichtsverständnis wie auch die Einschätzung der Gegenwart beruht auf traumatischen Erfahrungen, die primär mit der Vergangenheit in Europa in Zusammenhang stehen und von den Sozialisationsagenturen seit Generationen und in alle Bevölkerungsschichten überliefert werden. In Israel sind die Angst vor Antisemitismus und nach 1945 auch die Furcht vor einer Wiederkehr der Shoah aus Europa importierte Traumata. Dieser Import wurde zum Fundament eines Sozialisationssystems, das die Angst, die existenzielle Angst, zur politischen Richtlinie, zur psychologischen Grundhaltung, zum Automatismus, zur ultimativen Ausrede, zum Alibi einer ganzen Gesellschaft werden ließ – egal woher oder wann die einzelnen Menschen ins Land gekommen waren. Die Angst um die Existenz wurde quasi zur Brille, durch die die Ereignisse und Strömungen in der Region gesehen werden, und zwar ohne Rücksicht auf Fakten und Entwicklungen, die diese Sichtweise verändern könnten.

Immer wieder wird die Vergangenheit als Beweis herangezogen, wobei die Geschichte als eine lange Kette von Katastrophen in einer endlosen Leidensgeschichte dargestellt und konstruiert wird. Geschichte ist stets ein auf ein Ziel gerichtetes Konstrukt; in diesem Fall wird das zionistische Narrativ durch die Geschichtsschreibung so konstruiert, dass damit das Ziel erreicht wird, Juden und Israel als ständige Opfer, nie als Täter begreifen zu können. Dieses Geschichtsverständnis schließt automatisch differierende Interpretationen und Konstruktionen aus. So wird zum Beispiel die Gründung des Staates Israel nur aus israelisch-jüdischer Perspektive betrachtet, und die Sichtweise der Palästinenser, wonach es sich bei dieser Staatsgründung um eine Katastrophe, arabisch *Nakba* genannt, gehandelt habe, strikt und pauschal abgelehnt. In der israelischen Gesellschaft geht man dabei so weit, dass sich die Knesseth 2009 mit einer Gesetzesvorlage befasst hat, die das Trauern am Tag der *Nakba* verbietet! Obwohl mehr als 20 Prozent der Israelis Araber sind, die durch die Ereignisse 1948 traumatisiert wurden. Zudem wird das Bildungswesen angewiesen, den Begriff *Nakba* nicht zu thematisieren und auch nicht in den Schulbüchern zu erwähnen.

Eigentlich jedoch dürften sich die Bürger des stolzen, selbstständigen und souveränen jüdischen Staates nicht ausschließlich auf derartige Beispiele oder auf diese Art und Weise der Geschichtsdarstellung berufen – denn Israel begreift sich selbst als Gegenbild zur zweitausendjährigen *Galut*, zur jüdischen Diasporasituation. Selbst wenn der Verweis auf eine lange, an Verfolgungen reiche Vorgeschichte des Staates das Narrativ des ewigen Opfers bestätigen soll, so ist diese Geschichtsauffassung angesichts nationaler Selbstbestimmung und Entstehung des ›neuen Juden‹ in der nationalen Heimstätte an sich irrelevant. Nur hat sie sich als so erfolgreich erwiesen, dass man für den modernen Staat der »neuen Juden« dasselbe Opfernarrativ aktivierte. Diese Kluft hat seinerzeit der israelische Ministerpräsident Levi Eshkol mit dem jiddischen Bonmot »Shimshen der Nebechdike«, »der armselige Samson«, beschrieben. Ein Psychologe würde die Situation als schizophren bezeichnen. Auf jeden Fall aber kann so jeglicher Vorwurf, jede Kritik gegen eine bestimmte Vorgehensweise und Politik Israels praktisch automatisch zurückgewiesen werden.

Um diese Diskrepanz auch historisch zu rechtfertigen, bezog sich der israelische Zionismus zudem auf ein Ereignis der europäischen Geschichte des 20. Jahrhunderts. Immer wieder wird die politische Situation Israels mit der Lage der

Tschechoslowakei von 1938 verglichen und vor einem neuen »Münchner Abkommen« gewarnt. Ein kleiner, souveräner, aufrechter Staat könne, dies zeige das historische Beispiel, leicht zum Opfer werden und sich gezwungen sehen, Territorien an den Feind abzugeben. Mehr noch: So etwas könne auch in Zukunft mit Hilfe, ja sogar unter Druck der demokratischen Verbündeten dieses Staates geschehen. Das Münchner Abkommen hat für Israelis eine ikonografische Bedeutung erhalten: »Chamberlain«, »Umbrella« und »München« sind für sie Sprachmünzen, deren Bedeutung und Zielrichtung von allen verstanden werden. Der große Schrecken des Jahres 1938, Appeasement genannt, dominiert im israelischen Diskurs so stark, dass jeder Versuch der Annäherung, der Verständigung und der Friedensbereitschaft automatisch als Appeasement begriffen wird. Je rechter man orientiert ist, desto stärker greift man zum Schlagwort »München« und bringt damit die Angst vor dem – falschen – Frieden zum Ausdruck. Ausgerechnet die Vertreter der Idee vom stolzen, neuen Juden im eigenen Staat entlarven sich hierin allerdings praktisch als paranoid, weil sie nicht an eine Aussichtslosigkeit des Antisemitismus nach der Gründung des Staates Israels glauben. Da die Mehrheit der Israelis rechts denkt und rechts wählt, ist das Resultat eindeutig: man hat Angst – auch vor dem Frieden.

Als Barak Obama in den Vereinigten Staaten die Präsidentschaft antrat, wuchs diese Angst in Israel zusätzlich; denn er war bemüht, den gelähmten Friedensprozess wieder in Gang zu bringen. Die große Gefahr einer Rückkehr zu Friedensverhandlungen schien plötzlich realistischer zu werden als je zuvor seit dem 11. September 2001. Als es aber ein Jahr nach Obamas Amtsantritt wieder zum Stillstand kam, war das Aufatmen durchaus spürbar: Gott sei Dank, vom Frieden keine Spur. Der rechtsradikale israelische Außenminister Avigdor Lieberman brachte diese Haltung mit den Worten zum Ausdruck, es gebe Probleme, die unlösbar seien, mit denen man also leben müsse. Deshalb stehe der Frieden mit den Palästinensern nicht auf der Tagesordnung des israelischen Außenministeriums.

2. Chronik einer Angst

Oslo im Würgegriff

Der Durchbruch, den die Regierung Yitzchak Rabins 1993 durch Verhandlungen mit der PLO als politischer Vertretung der Palästinenser im Osloer Abkommen erreichen konnte, hat paradoxerweise mehr Angst vor Frieden als Hoffnung auf Frieden hervorgerufen. Dieses Paradox hat seine Wurzeln im hundertjährigen Selbstverständnis des Zionismus und in seiner Wahrnehmung der Beziehungen zur arabischen Welt, vor allem zu den Palästinensern seit dem Krieg von 1948 oder spätestens seit dem Sechstagekrieg 1967. »Der Araber« gilt als tückischer Feind, dem in keiner Situation Vertrauen geschenkt werden darf. Dass die PLO den radikalen Terror als Waffe gegen Israel benutzt hatte und seit 1987 einen gewaltsamen Aufstand, eine *Intifada*, führte, schien diese Wahrnehmung mit Nachdruck zu bestätigen. Anders als im Falle Kenias oder Nordirlands – wo die Kolonialmacht sogar ehemalige Terroristen bzw. Freiheitskämpfer als Gesprächspartner und als legitime Führer ihrer Nationen akzeptiert hat – glauben die meisten Israelis nicht daran, dass der Terror nur eine Taktik oder gar eine Notwendigkeit sei, die in einem neuen Kontext durch eine alternative Taktik ersetzt werden könne. Vielmehr gehen sie von einem Determinismus des arabischen Terrors aus. Israel hat aber auch erheblich dazu beigetragen, dass seit 1987 in der palästinensischen Bevölkerung eine radikal islamistische Bewegung gedeiht, nämlich die *Hamas*, die sodann vorgeblich die Regel stets neu bestätigt: Während die PLO den Staat Israel bereits 1988 und noch eindeutiger nach dem Oslo-Abkommen von 1993 praktisch anerkannt hatte, beruhen Widerstand und Terror der Hamas-Bewegung auf dem Axiom der Nichtanerkennung der Existenz dieses Staates, ein Umstand, der im Gegenzug zum effektivsten Argument gegen Friedensverhandlungen mit Palästinensern überhaupt wurde. Obwohl sich die PLO-Führung zwischen 1988 und 1993 endlich für die Zwei-Staaten-Lösung entschied, konnte die palästinensische Gesellschaft während dieser Zeit ihre eigenen Ängste vor dem Frieden nicht abbauen. Erstens gewann die Bereitschaft, die Existenz Israels im Nahen Osten anzuerkennen, im Zeitalter des aufsteigenden islamischen Fundamentalismus nicht an Popularität, und zweitens war die israelische Politik, vor allem die aggressive Siedlungsstrategie, für Palästinenser Grund genug, um die Hoffnung auf einen akzeptablen Frieden aufzugeben.

Es war jedoch nicht nur die in Israel verbreitete Angst vor dem palästinensischen Terror – egal ob von der PLO oder der Hamas ausgehend –, die Oslo zum Erliegen brachte, sondern vornehmlich die gezielte und bewusste Politik der israelischen Rechten, die eine nicht unbegründete Angst zusätzlich schürte – nämlich die Angst, dass man am Ende der Friedensverhandlungen die besetzten Gebiete und somit die dort liegenden Siedlungen, aufgeben müsse – und zudem die verständliche Angst der Mehrheit vor einem palästinensischen Täuschungsmanöver manipulierte. Die Opposition zu Rabins Regierung sprach vom »Verrat« an Israel und am Zionismus und beschwor weitere Ängste herauf, die ihre Quellen in der Shoah, oder genauer: im israelischen Verständnis von der Shoah fanden. Rabins Regierung wurde als »Judenrat« verunglimpft und sogar noch härter attackiert: Während einer großen Demonstration der rechten Parteien in Jerusalem gegen den Oslo-Prozess tauchten Plakate mit einer Fotomontage auf: Himmlers Oberkörper in voller SS-Uniform mit dem Gesicht von Rabin. Der sich akkumulierende Effekt der Gegenoffensive von rechts war die Delegitimierung von Rabins Regierung und Politik auf dem Hintergrund der Angst vor der Wiederkehr eines neuen »Münchens« oder einer neuen Shoah. Um einer neuen Shoah zuvorzukommen, griff der rechtsradikale Student Ygal Amir zur Waffe und ermordete Ministerpräsident Rabin am 4. November 1995.

Dieser politische Mord hat in der politischen Klasse Israels eine neue Angst erzeugt – die Angst, dass weitreichende Entscheidungen von einer parlamentarischen Mehrheit verabschiedet werden könnten, die nicht gänzlich auf jüdischen Parteien bzw. auf jüdischen Stimmen beruht. Eine derartige Mehrheit würde bei der im Judenstaat herrschenden ethnozentrischen Stimmung als illegitim gelten. Die erfolgreiche wie auch entscheidende Wahlparole von 1996 nach der Ermordung Rabins lautete: »Netanyahu ist gut für Juden«; also anders als sein Kontrahent Shimon Peres, Rabins Weggefährte und Nachfolger, der vermeintlich nur gut für Araber ist. Wohlgemerkt – mehr als 20 Prozent der israelischen Staatsbürger sind Araber, die Parole unterscheidet aber nicht zwischen Arabern anderer Länder und israelischen Arabern. Diese Parole blieb effektiv, als im Juni 1999 mit Ehud Barak ein Vertreter der Arbeitspartei die Regierungsverantwortung in Israel übernahm. Auch für ihn war eine Koalition mit den arabischen Parteien in Israel, immerhin ein Block von circa 10 Prozent der Parlamentssitze, ein Tabu. Die Vorstellung von der arabischen Bevölkerung Israels als Trojanischem Pferd bzw. Fünfter Kolonne, die nur auf ihre Chance lauert, die Juden aus dem Hinterhalt anzugreifen, war also nicht nur für die israelische Rechte symptomatisch, sondern auch in dem sich als links verstehenden Lager samt seiner politischen Klasse verbreitet. Umfragen zum Thema beweisen, wie tief die Ablehnung der Araber als gleichberechtigter Staatsbürger bei jüdischen Bürgern Israels sitzt: In einer vom israelischen Parlament bestellten Umfrage wurde nach der Loyalität der israelischen Araber gefragt. 63 Prozent der israelischen Juden waren davon überzeugt, dass israelische Araber sich im Falle der Gründung eines Staates Palästina primär gegenüber diesem loyal verhalten würden, eine solche Auffassung vertraten allerdings nur 25 Prozent der arabischen Israelis. Etwa 20 Prozent von ihnen meinten, auch dann werden sie sich primär gegenüber dem Staat Israel loyal verhalten; und etwa ein Drittel ging von einer zwischen beiden Staaten geteilten Loyalität aus. Diese Ergebnisse sind bemerkenswert, da zur Zeit der Umfrage im Juli 2002 die zweite Intifada gerade ihren Höhepunkt erreicht hatte. Etwa die Hälfte der israelischen Juden sprach sich gegen eine Gleichberechtigung der israelischen Araber aus und etwa ein Drittel befürwortete sogar die Auswanderung, sprich: eine Vertreibung dieser Araber. Auch wenn Ehud Barak kein Politiker aus dem rechten Flügel ist, glaubt er daran – so bezeugt es der Historiker Benni Morris –, dass die israelischen Araber zur »Speerspitze des palästinensischen Kampfes werden könnten, was eine Änderung der demokratischen Grundregel rechtfertigt, um den jüdischen Charakter des Staates zu garantieren«. Ein ehemaliger General und Politiker der Nationalreligiösen Partei, auf den wir später ausführlicher zu sprechen kommen werden, Efi Eitam, sagte in einem Zeitungsinterview im März 2002 unverblümt: »Die israelischen

Araber sind die tickende Bombe, die die demokratische und israelische Ordnung innerhalb der Grünen Linie gefährdet.« Er bezeichnete sie sogar als »fünfte Kolonne« und »Krebs«.

Was auf der Ebene der Politik zum Ausdruck kommt, ist auf der Ebene des Alltags eine altbekannte Tatsache: Ein Forschungsprojekt des Kiriat Ono College aus dem Jahr 2009 belegt, dass 83 Prozent der Arbeitgeber in prestigeträchtigen Unternehmen (wie Banken, kommerziellen Fernsehsendern etc.) es vermeiden, (israelische) Araber zu beschäftigen. Die Arbeitslosigkeit arabischer Akademiker in Israel liegt bei 20 Prozent, damit ist sie fünfmal höher als die von Juden (4 Prozent). Noch schlimmer zeigt sich die Haltung der Jugend. Einer Umfrage der Tel Aviver Universität unter 15- bis 18-Jährigen im Februar 2010 zufolge ist die Hälfte der jüdischen Jugendlichen gegen die Gleichberechtigung der israelischen Araber, und 56 Prozent sind gegen die Wahl von arabischen Abgeordneten in die Knesset. Dass 64 Prozent der israelischen Araber im selben Alter (so das Umfrageergebnis) Israel für eine Demokratie halten, kann nur verwundern.

Diese Haltung gegenüber den israelischen Arabern hatte extreme Folgen: Unter anderem führte sie zu einer überaus harten Reaktion der israelischen Polizei auf Demonstrationen, die im Kernland Israel Anfang Oktober 2000 zu Beginn der zweiten Intifada stattfanden. Hier identifizierten sich israelische Araber mit dem Anliegen der Palästinenser in den besetzten Gebieten, also mit der sogenannten El-Aksa-Intifada, aber vor allem mit der Sorge der muslimischen Welt um die heiligen Stätten des Islam in Jerusalem. Denn diese Intifada war ausgebrochen, nachdem der israelische Oppositionsführer und Likud-Abgeordnete Ariel Sharon am 29. September 2000 den Tempelberg (*Haram Al-Sharif*) mit viel Medienbegleitung besucht hatte, wobei er darauf hingewiesen hatte, mit diesem Besuch solle nur das israelische Anrecht auf Jerusalem demonstriert werden. Den am Konflikt Beteiligten ging es allerdings weniger um traditionelle nationale Argumente, sondern mehr um die religiösen Symbole – Jerusalem, Tempelberg *(Haram Al-Sharif)*. Auf der einen Seite standen Juden, auf der anderen Muslime. Daher griff die israelische Polizei gegen gewalttätige, das heißt steinewerfende arabische Demonstranten trotz deren israelischer Staatsbürgerschaft zu Mitteln, die man gegen jüdische Israelis – egal ob im Kernland Israel oder in den Siedlungen – nicht anwendet, nämlich zu sogenannten Gummigeschossen und scharfer Munition. 12 israelische und ein palästinensischer Araber wurden bei diesen Aktionen in der ersten Oktoberwoche getötet.

Anfang 2000 meinten circa 70 Prozent der Israelis, dass »die Araber« sich mit dem Faktum der Existenz des Staates Israel nicht abgefunden hätten. Die Annahme, von Arabern sei kein echter Frieden zu erwarten, erklärt nicht nur die hartnäckige Politik der Regierung bei den Verhandlungen mit der palästinensischen Führung der Autonomiebehörde zur ersten Amtszeit Benjamin Netanyahus, also bis zu den Wahlen im Mai 1999, sondern auch die sture Politik seines Kontrahenten Ehud Barak. Zwar musste Netanyahu unter dem Druck des amerikanischen Präsidenten Clinton im Oktober 1998 einen weiteren Teilvertrag mit den Palästinensern unterzeichnen, aber er unternahm auch zu jenem Zeitpunkt wie schon seit seinem Amtsantritt alles, um den Oslo-Prozess zu blockieren und abzutöten. Die Vereinbarungen vom Oktober 1998, die auf einem Gipfel-Treffen zwischen Clinton, Netanyahu und Arafat in den USA im Wye-River-Memorandum ausgehandelt wurden, zielten auf den Schlussvertrag, also praktisch auf die Gründung eines Staates Palästina bis Mai 1999. Um den Preis der offiziellen Aufgabe der palästinensischen Charter einerseits und der indirekten Anerkennung des israelischen Siedlungsunternehmens durch die Palästinenser andererseits sollte Israel einige Prozente des »B«-Gebietes an die »A«-Gebiete angliedern lassen, in denen die Palästinenser uneingeschränkt das Hoheitsrecht besitzen sollten. Da Israel als Gegenleistung das absolute Einstellen der Anschläge und die Entwaffnung der palästinensischen Bevölkerung forderte, konnte es leicht und wiederholt Vorwände finden, um die Umsetzung des Vertrags hinauszuzögern und schließlich zu bremsen. Wie Netanyahu versuchte auch sein Nachfolger Ehud Barak, der vor den Wahlen 1999 mit seiner Arbeitspartei und einigen Splitterparteien das Bündnis »Ein Israel« gebildet hatte, diesem Schlusspunkt, also der Staatsgründung Palästinas, auszuweichen. Demonstrationen der Palästinenser am 15. Mai 2000 im Gedenken an die *Nakba*, die israelische Staatsgründung des Jahres 1948, waren Anlass genug für Ehud Barak, das Dorf Abu Dis nahe Jerusalem, in dem die Palästinenser ihr Parlamentsgebäude errichteten, nicht wie vereinbart an die Autonomiebehörde zu übergeben, obwohl die endgültigen Verträge bereits seit einem Jahr unter Dach und Fach hätten sein sollen. Kleine Schritte und vertrauensbildende Maßnahmen hielt Barak ohnehin für zwecklos. Vertrauen schenkte er den Arabern a priori nicht und schon gar nicht ihrem Anführer Yasser Arafat. »Die Araber«, so meinte Barak gegenüber dem israelischen Historiker Benni Morris, »leiden nicht unter dem in der judäo-christlichen Kultur existierenden Problem der Lüge.« Deshalb war für Barak die Flucht nach vorn, der große Wurf, der einzige Weg in Richtung Frieden – eine Gipfelkonferenz zwischen ihm, US-Präsident Clinton und Yasser Arafat, auf der es um alles oder nichts gehen sollte, auf der er aber auch bis auf kleine Grenzkorrekturen dem Rückzug Israels aus allen besetzten palästinensischen Gebieten zuzustimmen bereit gewesen wäre. Baraks Angst vor dem Frieden stand nicht nur mit seinem absoluten Misstrauen gegenüber der arabischen Seite, sondern auch mit seiner Furcht vor der israelischen Rechten in Zusammenhang, die bei jeglichem kleineren oder größeren Verzicht der israelischen Regierung alles zu unternehmen bereit war, um den Friedensprozess zu sprengen. Auf der anderen Seite stand Arafat, der aufgrund der Erfahrung seit Oslo ebenfalls eine neue Falle befürchtete. Der von der Affäre um Monica Lewinsky gebeutelte Präsident Clinton versuchte seinerseits, beim Gipfeltreffen mit Arafat und Barak kurz vor Ende seiner Amtszeit nicht nur eine Regelung zu oktroyieren, sondern auch seinen guten Namen zu retten.

Dass der Erfolg ausblieb, war kein Wunder. Der von der israelischen Hinauszögerungstaktik entnervte Arafat wollte nicht erneut als Vertreter einer Verzichtspolitik erscheinen und hat den ultimativen Zankapfel – die heiligen Stätten in Jerusalem und Jerusalem überhaupt – zum *sine qua non* gemacht, was die Konferenz schließlich zum Scheitern brachte. Barak seinerseits konnte das vertraute Argument der Sicherheit und der Bekämpfung des Terrors zu seinem *sine qua non* machen: ohne Sicherheit keine großzügige Rückzugspolitik. Außerdem bestand er auf einer Regelung, die den endgültigen Verzicht der Palästinenser auf das individuelle Rückkehrrecht festschreiben sollte. Dann kam der provokative Besuch Ariel Sharons auf dem Tempelberg, und alle Dämme brachen. Die zweite Intifada begann, und diesmal, wie bereits erwähnt, waren zunächst auch israelische Araber an den Auseinandersetzungen beteiligt, wodurch die pauschalisierende Ansicht der jüdischen Israelis sich zu bestätigen schien: Die Araber, so Vertreter dieser Ansicht, nutzen die israelische Friedensbereitschaft aus, um immer neue Forderungen zu stellen, und beweisen somit die Gefährlichkeit wie auch Aussichtslosigkeit eines Friedens mit ihnen.

Die El-Aksa-Intifada, die sich anders als die erste Intifada der späten 1980er-Jahre hauptsächlich der religiös motivierten Waffe des Selbstmordattentats bediente, eskalierte schnell, forderte innerhalb von wenigen Monaten einige israelische und viele palästinensische Opfer und ließ niemanden mehr im Zweifel darüber, dass der Oslo-Prozess erledigt war. Der Versuch Clintons, in den letzten Minuten seiner Amtszeit im Januar 2001 in Sharm-el-Sheikh auf einer Konferenz einen Durchbruch zu erzielen, scheiterte kläglich. Die Intifada war nicht aufzuhalten, und beide Seiten setzten auf Gewalt, nicht auf Kompromiss – ganze 5 Jahre nach dem Mord an Yitzhak Rabin. Für die israelische Rechte, die seit 7 Jahren die Köpfe der »Oslo-Verbrecher« rollen sehen wollte, war es eine gute Nachricht: Die Angst vor dem Frieden war verfrüht gewesen.

Während dieser 5 Jahre gab es aber noch eine weitere Front, an der die Angst vor dem Frieden eine entscheidende Rolle spielte – die libanesisch-syrische Front. Auf den syrischen Golan-Höhen gab und gibt es wie im Westjordanland jüdische Siedlungen, deren Bewohner jeden »Verzichtfrieden« mit Syrien ablehnen und dabei die volle Unterstützung der rechtsgerichteten Parteien besitzen, ja, es gab sogar eine Partei, »Der Dritte Weg«, deren Hauptziel die Sicherung der Golan-Höhen als Teil Israels war. Trotzdem fanden sowohl während Netanyahus als auch während Baraks Amtszeit Geheimgespräche mit Hilfe von Vermittlern zwischen Israel und Syrien statt. Ursache für solche Gespräche war nicht eine schwärmerische Sehnsucht nach einem Frieden mit Syrien, um, so der Volksmund, »endlich einmal Humus in Damaskus essen zu können«, sondern der Umstand, dass Friedensverhandlungen mit Syrien den Schwerpunkt des gesamten Friedensprozesses vom Palästina-Konflikt ablenkten. Diese offensichtliche Taktik Baraks ließ die Palästinenser noch misstrauischer gegenüber dem Ministerpräsidenten und Israel werden. Seit seinem Amtsantritt konzentrierte er sich auf die Nordgrenze und bekam dafür auch die Unterstützung der USA. Im Dezember 1999 traf Barak in Washington den syrischen Außenminister Faruk el Shara, und im Januar 2000 wurde im amerikanischen Shepherdstown eine weitere Runde von syrisch-israelischen Friedensgesprächen eröffnet. Aber das Misstrauen der Syrer war nicht geringer als das der Palästinenser. Clinton versuchte verzweifelt, diesen Frieden zu retten, flog im März 2000 nach Genf, um den todkranken Hafez al-Assad zu überzeugen. Doch die Mission des US-Präsidenten scheiterte. Barak war zwar bereit, die Golan-Höhen an Syrien zurückzugeben, aber eine Bagatelle, der genaue Grenzverlauf, genügte, um den Prozess zu beenden. Die politische Klasse in Syrien hatte ebenso wie die Führung in Israel große Angst vor dem Frieden, weil sie Angst vor der öffentlichen Meinung im eigenen Land hatte. In Israel gab es im Februar 2000 mit 55 Prozent – so eine repräsentative Meinungsumfrage – eine klare Mehrheit gegen einen Frieden mit Syrien um den Preis eines Rückzugs von den Golan-Höhen, und nur 36 Prozent glaubten überhaupt an einen Frieden mir Syrien. Besser also in Unfrieden leben, als einen Aufschrei oder Aufstand im eigenen Hause zu riskieren.

Auch in diesem Fall war das Aufatmen der israelischen Rechten deutlich vernehmbar: Es hieß, Syrien und damit »die Araber« wollten keinen Frieden, auch wenn sie verlorene Gebiete zurückgewinnen können. Und die Parole klang umso überzeugender, da auch die Entscheidung Ehud Baraks, nach 18 Jahren israelischer Präsenz im Südlibanon mit einem Schlag die israelischen Streitkräfte von dort abzuziehen, den erhofften Frieden mit dem Libanon nicht herbeiführte. Barak, der Gegner der kleinen Schritte, hat nicht nur die Israelis am 24. Mai 2000 mit seiner Entscheidung überrascht. Libanon und Syrien reagierten stur – sie bestanden auf der Rückgabe der sogenannten Shebaa Farms, eines umstrittenen Gebiets von circa 22 Quadratkilometern, und halfen so der israelischen Rechten, von weiteren Zugeständnissen gegenüber der arabischen Seite, vor allem gegenüber den Palästinensern, abzuraten.

An allen Fronten galt also die Regel, die Abba Eban seinerzeit formuliert hatte: »Sie verpassen keine Chance, um eine Chance zu verpassen« – Israelis und Araber. Dies gereicht den radikalen Kräften und Angstmachern auf beiden Seiten zur Genugtuung.

Der 11. September 2001 und die unheilige Allianz gegen den Terror

Die El-Aksa-Intifada hatte ihren Höhepunkt noch nicht erreicht, das dritte Jahrtausend hatte kaum begonnen, als die gesamte westliche Welt in extreme Panik versetzt wurde: Al Qaida attackierte das Herz Amerikas – New York und Washington D.C – im Namen des Islam. Huntingtons These vom Kampf der Zivilisationen als neuem Kapitel in der Weltgeschichte nach dem 1991 abgeschlossenen Kapitel des »Kalten Krieges« als des Kampfes der Ideologien schien ihre Bestätigung gefunden zu haben, wenigstens im Hinblick auf die Beziehungen zwischen den westlich-christlichen und den muslimischen Zivilisationen. Der gewaltsame Tod von mehr als 3000 Menschen, verursacht durch Selbstmordattentate im Namen Allahs, reichte aus, um in der von den Vereinigten Staaten angeführten westlichen Welt die Gleichstellung von Islam und Terror als Gegensatz zu allen Werten der freiheitlichen Welt als Axiom zu verankern.

Die Panik, die sich seit dem 11. September 2001 global verbreitete und sich durch weitere Selbstmordanschläge in Madrid und London noch steigerte, war Wasser auf den Mühlen der israelischen Rechten: Nun klangen die Kassandra-Rufe der israelischen Panikmacher nicht mehr so absurd. Die palästinensischen Selbstmordattentäter, die mit dem Ruf »Allah ist groß« in den Tod zogen, handelten letztlich nicht anders als die Attentäter des 11. September. Präsident George W. Bush, der schreckliche Vereinfacher, hat auf seine – manche werden sagen – typisch amerikanische Art die Welt manichäisch in Gut und Böse eingeteilt: hier die freiheitliche Welt, dort der Terror; hier das judäo-christliche Erbe, dort der fanatische Islamismus. So gesehen war Israel, der Judenstaat, nicht nur Mitstreiter, sondern ein Vorposten im Kampf der freiheitlichen, westlichen, christlichen Welt gegen den islamischen Terror. Jeder Anschlag gegen israelische Zivilisten – und die Zahl der Anschläge stieg tatsächlich rasant zwischen Ende 2001 und Mitte 2002 – passte in diesen Rahmen hinein, während der spezifisch nahöstliche Kontext ausgeblendet werden konnte. So wie es keinen Frieden mit Al Qaida geben könne, argumentierte man in Israel, so könne es keinen Frieden mit Muslimen, das heißt

Palästinensern, Syrern und anderen geben. Israels »Umarmung« durch die westliche Welt wurde vollzogen, obwohl Israel Maßnahmen ergriff, die in dieser westlichen Welt harsche Kritik gegen das Land hervorrufen mussten. Die gescheiterten Verhandlungen mit den Palästinensern Anfang 2001 und die steigenden Zahlen der Opfer der Intifada verhalfen bei den ersten Direktwahlen zum Amt des Ministerpräsidenten in der Geschichte Israels – einer Reform, mit der das US-Wahlsystem gewissermaßen nachgeahmt werden sollte – Ariel Sharon zum Sieg gegen seinen Kontrahenten Ehud Barak. Der Provokateur vom 28. September 2000, seit 1983 der Paria der israelischen Politik, da er zum Mitverantwortlichen für das 1982 stattgefundene Massaker in den Flüchtlingslagern Sabra und Shatila im Libanon erklärt worden war, hatte sein Ziel erreicht und wurde im März 2001 Israels neuer Ministerpräsident. Für die Welt eigentlich ein unerhörter Affront, doch ohne katastrophale Folgen, weil der clevere Taktiker einerseits eine »Regierung der nationalen Einheit« mit dem Veteranen der Arbeitspartei Shimon Peres als Feigenblatt bildete und andererseits die Schwächen George W. Bushs nach den Septemberattentaten bestens ausnutzte. Genau ein Jahr nach der Gründung dieser Regierung erreichte der palästinensische Terror seinen Höhepunkt: Ein Selbstmordattentäter riss am 27. März 2002 während der Feier des Pessach-Abends in einem Hotel der Stadt Netanja 30 Juden mit sich in den Tod. In jenem Monat kamen durchschnittlich 4 Israelis pro Tag bei Anschlägen ums Leben. Nach dem Attentat vom 27. März gab Ariel Sharon seine relative Zurückhaltung auf und befahl einen Angriff auf palästinensische Städte. »Operation Schutzwall«, so der Name dieser militärischen Aktion, verlief brutal und blutig. Vor allem das Flüchtlingslager Dschenin (Jenin) litt unter der Aggressivität.

Die Welt schrie kurz auf, Kritik wurde laut, aber es kam nicht zum Bruch zwischen Amerika und Israel. In einer Welt, die eine fundamentale, auch berechtigte Angst vor islamistischem Terror hatte, reichte auch eine Überreaktion in der Art Sharons nicht aus, um die antimuslimische, antiarabische Grundhaltung zu ändern.

Es war paradox: Die Kluft zwischen Christen und Juden, die in Europa seit der Antike einen so wesentlichen Beitrag zum Antisemitismus geleistet hatte, schien am Anfang des dritten Jahrtausends überwunden zu sein. Während die Kreuzritter des Mittelalters Sarazenen und Juden gleichermaßen als Feinde behandelten – die europäischen Eroberer Jerusalems sahen sich im Jahr 1099 mit dem gemeinsamen Widerstand von Muslimen und Juden konfrontiert –, waren für Bush, den Kreuzritter des 21. Jahrhunderts, Juden oder genauer: Israel die natürlichen Alliierten der christlichen Welt im Kampf gegen die »Achse des Bösen«.

Zwar war das erste Ziel der amerikanischen Rache für den 11. September, nämlich Afghanistan, für Israel uninteressant. Aber das nächste Objekt, der Irak Saddam Husseins, galt seit dem Golfkrieg von 1991 als Erzfeind Israels. Als Amerika im März 2003 den Irak – wie wir heute wissen – zu Unrecht als Stützpunkt der Al Qaida und Besitzer von Massenvernichtungswaffen angriff, entsprach dies durchaus dem Wunsch israelischer Politik. Ein Hauptgegner Israels, der brutale irakische Diktator Saddam Hussein, wurde als Hauptgegner der freiheitlichen Welt bekämpft, besiegt und erniedrigt. Und die Palästina-Frage rückte wieder einmal in den Hintergrund.

Von 2002 bis 2008 kam es zu einer präzedenzlosen engen Zusammenarbeit zwischen den USA und Israel. Offiziell nahm man trotz der weiter wütenden Intifada keinen Abschied vom Friedensprozess. Präsident Bush fand sogar kurz nach dem Angriff auf Dschenin eine neue Formel für den Frieden – die *Road Map*. Im Juni 2002 trafen sich der amerikanische Präsident, Sharon und der in seinem Hauptquartier in Ramallah praktisch eingekerkerte Arafat zu einem Gipfel und einigten sich auf einen Plan des sogenannten Quartetts – der Vereinten Nationen, Russlands, der Vereinigten Staaten und der Europäischen Union –, der bis 2005 zur Gründung eines Staates Palästina führen sollte. Da aber die Beendigung des Terrors gegen Israel die Vorbedingung für den Marsch entlang der *Road Map* war, konnte Israel stets einen Vorwand oder Grund für eine Verlangsamung des Prozesses finden. Und da die Verwicklung der USA und ihrer Alliierten in den Irakkrieg viele Energien beanspruchte, war das Thema Palästina eher Nebensache. Die Angst Israels vor einem Frieden konnte so wieder eingedämmt werden.

Das Attentat in Netanja und die darauf folgende »Operation Schutzwall« verdrängten ein äußerst bedeutendes Ereignis: die saudische Friedensinitiative, die von der arabischen Liga am 28. März 2002 aufgegriffen und angenommen worden war. Kronprinz Abdulla aus Saudi-Arabien und erstmals offiziell die arabischen Staaten boten einen realistischen Frieden mit Israel an, dazu auch die Normalisierung der Beziehungen zu Israel, wenn es sich aus den besetzten Gebieten zurückzieht (inklusive Ost-Jerusalem) und den Flüchtlingen des Krieges von 1948 eine faire Lösung anbietet. Jahrelang galt in Israel die Behauptung, die Araber lehnen jeden Friedensgedanken ab, als größtes Hindernis auf dem Weg zum Frieden. Als nun die arabische Liga ein Friedensangebot unterbreitete, nicht zuletzt weil sie bemüht war, die Gefahr eines Kampfes der Zivilisationen zwischen der muslimischen und der (judäo)christlichen Welt zu bannen, war die israelische Reaktion mehr als reserviert: Das Misstrauen gegenüber Arabern und Palästinensern war in einer so stürmischen Zeit wie im Frühjahr 2002 unüberwindbar, und als der Sturm nachliess, ignorierte Israel – damit ist sowohl die Politik als auch die öffentliche Meinung gemeint – dieses Angebot, das zumindest theoretisch die Erfüllung des Traums von einer Wende in der arabischen Mentalität hätte sein sollen. Jene, die vor dem Frieden Angst haben, wiesen sofort auf die Themen Ost-Jerusalem und Flüchtlinge hin und legten diese Bedingungen als eine typisch arabische Taktik der Täuschung im Dienste der Strategie der Vernichtung Israels aus. »Es gibt keinen Partner zum Frieden«, hiess es weiter. Dass die *Road Map* diese arabische Initiative als wichtige Grundlage betrachtete, fand in der israelischen Wahrnehmung keine Beachtung. Als die arabische Liga 5 Jahre später diese Initiative wiederholte, hat Israel sie erneut als nur schlaue Taktik abgetan und keineswegs als einen Durchbruch gelten lassen. Als hätte sich seit Mitte des 20. Jahrhunderts nichts am Verhalten auf beiden Seiten geändert.

Kurz nach der »Operation Schutzwall« begann Israel im April 2002 einseitig eine Alternative zum Frieden zu schaffen: Im Zeichen der Parole »Wir (Israelis) bleiben hier und die anderen (Palästinenser) dort« begann Israel mit dem Bau eines tatsächlichen »Antiterror-Schutzwalls« oder, wie es in Israel heißt, eines Sicherheits- oder Trennzauns. Statt zu verhandeln, wollte man handeln. Wenn ein Staat gegen Attacken von außen, gegen illegale Einwanderung oder andere Gefahren einen Zaun baut, ist dies an und für sich legitim. Nur sollte der Zaun in Israel – vor allem in und auf dem Weg nach Jerusalem eine 4 bis 8 Meter hohe Mauer – nicht entlang der Trennlinie zwischen dem Kernland und den besetzten Gebieten verlaufen, sondern entlang einer Schlangenlinie, die die großen israelischen Siedlungen Israel zuschlug. Wegen der breiten Streuung der Siedlungen innerhalb der Westbank blieben etwa 60000 Siedler östlich des »Schutzwalls«, also im palästinensischen Territorium. Das bedeutete, dass nicht einmal die Väter der Mauer-Idee die Parole »Wir bleiben hier und die anderen dort« ernst genommen hatten. Sogar der Oberste Gerichtshof in Israel kritisierte den Verlauf des Zauns, weil zu oft nicht die Sicherheit des Kernlandes, sondern die Erweiterung von Siedlungen das entscheidende Kriterium für die Planung war. Tatsächlich befinden sich mehr als 8 Prozent der besetzten Gebiete – und 30000 Palästinenser – auf der israelischen Seite des Zauns, und etwa 250000 weitere Palästinenser leben in Ortschaften, die durch den Zaun völlig vom palästinensischen Gebiet abgetrennt worden waren. Es kann also nicht verwundern, dass der Internationale Gerichtshof in Den Haag im Juli 2004 den Zaun, die Mauer, für rechtswidrig erklärte. Doch in Israel und Amerika wurde diese Kritik zurückgewiesen. Gegen den Terror und für die Sicherheit dürfe man einen derartigen »Schutzwall« errichten. Zwar intervenierte das Oberste Gericht mehrmals gegen den Verlauf der Mauer, musste aber feststellen, dass die für den Bau Verantwortlichen (d.i. die Regierung) seine Weisungen ignorierten. Allerdings kamen die Gegner der Mauer in Israel nicht nur aus dem linken Flügel. Die radikale Rechte wollte keine Trennlinie haben, die die Teilung »Ganz-Israels« auf irgendeine Weise legitimieren könnte. Mehr noch: Man hatte Angst, dass sogar der Zaun, die Mauer, langfristig irgendwie zu einem Frieden führen werde, der die Existenz von jüdischen Siedlungen jenseits dieser Trennlinie nicht mehr ermöglicht. Mit diesem Spagat – einer trennenden Mauer und einem Zaun voller Löcher, durch die die Siedler täglich in das Kernland Israel einreisen können – lebt Israel seither. Bloß kein Friedensvertrag, der eine konsequente und gerechte Lösung anbietet, die auch die Motivation der Palästinenser, Terror als Waffe zu benutzen, verringern könnte.

Zwischen Ariel Sharon und George W. Bush entwickelte sich seit Ende 2001 eine persönliche Freundschaft, die es Israel erlaubte, jede Kritik an seiner Politik zu ignorieren. Yasser Arafat, der aus seinem Hauptquartier/Gefängnis in Ramallah die palästinensische Autonomiebehörde leiten musste, geriet immer stärker ins Abseits. Die Parole der israelischen Politik »Wir haben keinen Partner« bzw. »Arafat ist kein Partner« trug dazu dabei, alle Annäherungsversuche abzuwehren. Da auch Präsident Bush Yasser Arafat ungeeignet für Friedensgespräche hielt, waren die Friedensbemühungen bereits tot, bevor der Palästinenserpräsident am 11. November 2004 starb. Israelis, die Angst vor einem Frieden mit den Palästinensern hatten, konnten auch nach der Wahl seines eher blassen Nachfolgers Mahmud Abbas (Abu Mazen) im Januar 2005 ruhig schlafen: Den eigentlichen Volkstribun und Hoffnungsträger der Palästinenser Maruan Barghuti hatte Israel wegen Terrorismus vor Gericht gestellt und zu fünffacher lebenslanger Haftstrafe verurteilt. Abu Mazen aber konnte sich gegen die im Aufstieg befindliche militante islamistische Bewegung Hamas nicht mehr behaupten, obwohl Israel die Führer der Bewegung, Scheich Ahmed Jassin und Abdel Aziz Rantisi, im Frühjahr 2004 bei zwei »gezielten Liquidierungsaktionen« umgebracht hatte. So zeichnete sich im palästinensischen Lager bereits ab 2005 eine Spaltung ab, die der Kompromissbereitschaft im Wege stand. *Divide et impera* war also aus der Sicht der Angstmacher auf israelischer Seite seit dem eigentlichen Ende der zweiten Intifada das richtige Rezept.

Ariel Sharon, der *Bulldozer* und General, hat jedoch die Gefahr der Verzögerung erkannt. Vor Stillstand hatte er immer mehr Angst als vor Krieg oder Frieden. 2005 sollte der Friedensprozess der *Road Map* zufolge erfolgreich beendet und der Staat Palästina ein Faktum sein. Ohne Aussicht auf die Realisierung dieses Plans musste bei fehlendem amerikanischem Druck und mit steigender »demografischer Gefahr« für Israel – nach Sharons Auffassung – der Weg letztlich entweder doch in Richtung einer *Pax Americana* nach dem Modell Bushs oder in eine unkontrollierbare Explosion führen. Deswegen entschied sich der *Bulldozer* bereits 2004 für einen überraschenden Schritt: für den Rückzug aus dem Gazastreifen ohne entsprechende Vereinbarung mit der palästinensischen Autonomiebehörde. Circa 7000 jüdische Siedler sollten aus dem winzigen Gebiet evakuiert werden, in dem etwa 1,5 Millionen Palästinenser lebten. Da es der charismatische Vertreter der Siedlungsideologie Sharon war, der diesen Plan vorschlug, konnte er noch kurz vor Arafats Tod auch die Unterstützung der parlamentarischen Mehrheit für sein Vorhaben gewinnen. Zwar ebbte die Intifada seit dem Abzug aus Gaza 2005 ab, im November 2007 ließ Bush sogar seine *Road Map* in einer großen Friedenskonferenz in Anapolis, Maryland bestätigen, aber der Raketenbeschuss von Gaza auf israelisches Gebiet ging weiter. 2005 präsentierte Israel den Rückzug als den kleineren Preis für das große Ziel, die Erhaltung von »Ganz-Israel«, also der besetzten Gebiete im Westjordanland. Auf dem radikaleren rechten Flügel der israelischen Politik galt das als Blasphemie, und es begann zu brodeln. In einer geschickten Medienkampagne gelang es Siedlern und ihren politischen Vertretern, eine gewaltige Sympathiewelle für die Evakuierten zu erzeugen. Da man nicht die gelbe

Farbe, die Farbe des Gelben Sterns, als PR-Mittel benutzen konnte, erfand man den orangen Stern, der das bevorstehende Schicksal der Siedler mit dem Schicksal der Juden im Zweiten Weltkrieg verknüpfte. Abzug und Evakuierung aus dem Gazastreifen fanden im August und September 2005 statt, aber die Anspielung auf das Schicksal der Juden während der Shoah war effektiv: Der hohe materielle wie auch emotionale Preis der »Abkoppelung« von Gaza gab den Politikern ein klares Signal: Ein Friedensvertrag mit den Palästinensern, der über einen Abbau von Siedlungen läuft, ist nicht durchsetzungsfähig.

Der Widerstand der Siedler, des Militärs (das die Räumung der Siedlungen durchführen muss) und der öffentlichen Meinung wird eine Wiederholung der Szenen vom Sommer 2005 in einem viel größeren Umfang nicht zulassen. Weil man seit Ende 2005 große Angst vor den Folgen eines derartigen Schrittes hat, gibt es seitdem keine seriösen Friedensbemühungen auf israelischer Seite, auch nicht mit Abu Mazen statt Arafat als Partner. Dass im Januar 2006 die Hamas im Autonomiegebiet die Wahlen gewinnen konnte, im Gazastreifen eine eigene Regierung bildete und ein Jahr später in Gaza die PLO-Vertreter durch einen Putsch beseitigte, gab den israelischen Neinsagern ein zusätzliches Argument: Mit Terroristen verhandelt man nicht – so auch die offizielle Haltung der Vereinigten Staaten und des Nahost-Quartetts – und mit einem in zwei Regime geteilten Palästina schon gar nicht.

Als das Ministerpräsidentenamt im Januar 2006 infolge eines Schlaganfalls von Sharon an Ehud Olmert aus der *Kadima*-Partei – Sharons neuer Partei nach seinem Ausscheiden aus der Likud-Partei – überging, leitete dieser keine Kehrtwende in der israelischen Politik ein. Obwohl zu *Kadima* nicht nur ehemalige Likud-Politiker wie Zipi Livni, sondern auch ehemalige Politiker der Arbeitspartei wie Shimon Peres gehörten, hat sich in Bezug auf die Palästinenser praktisch nichts geändert. Die Floskel von der *Road Map* war zwar in aller Munde, aber Tacheles, das heißt über den Friedensvertrag als praktisches Ziel, wurde nicht mehr geredet. Der Schock der »Abkoppelung« von Gaza saß zu tief. Auch Ehud Olmert konnte das absolute Vertrauen des amerikanischen Präsidenten Bush – und der deutschen Bundeskanzlerin Angela Merkel – gewinnen und so echten Friedensgesprächen ausweichen. Abu Mazen war dabei, seine Autorität wenigstens im Westjordanland zu konsolidieren, während die Raketen, die aus dem vom Hamas dominierten Gazastreifen auf Israel abgefeuert wurden, Anlass sowohl zu Repressalien als auch zum Stillstand im Dialog mit der palästinensischen Führung boten. Die Wahlen in Israel am 28. März 2006 gaben den Friedensbewegten jedoch noch einmal Hoffnung – der *Liku*d verlor kläglich, *Kadima* wurde auch ohne Sharon mit 29 von 120 Knesset-Sitzen zur stärksten Partei, und zusammen mit der auf 19 Parlamentssitze dezimierten Arbeitspartei unter Führung eines Gewerkschaftsfunktionärs, Amir Peretz, konnte Olmert eine verhältnismäßig moderate Koalition schaffen. Vielleicht wäre endlich der Durchbruch in Sicht gewesen, wenn das Interesse nicht auf andere Gegner und Gefahren gelenkt worden wäre. Die Hamas im Gazastreifen und die Hisbollah im Libanon, die syrische Regierung Bashar al-Assads und als Drahtzieher und Quelle allen Übels der Iran präsentierten sich als die echte Achse des Bösen, die als solche die Hauptaufmerksamkeit der israelischen Politik auf sich zog und keine isolierten Verhandlungen mit Abu Mazen mehr zuließ. Wieder konnte die radikalere Rechte in Israel aufatmen.

Die Fortsetzung der Friedensblockade mit anderen Mitteln – die Kriege von 2006 bis 2009

Der Frieden mit den Palästinensern war abgewehrt, die *Road Map* erfolgreich auf Eis gelegt, die Palästinenser zwischen Hamas und Fatah gespalten, Ehud Olmert, Sharons Nachfolger, saß fest im Sattel, Präsident Bush war sein enger Duzfreund.

Die Tatsache, dass seit Januar 2006 die Hamas-Regierung im Gazastreifen die Politik letztlich allein bestimmte, schenkte der bekannten israelischen Ausrede, es gebe keinen Partner für Friedensverhandlungen, eine unerwartete Glaubwürdigkeit. Nicht nur Präsident Bush, sondern auch das Quartett lehnte Verhandlungen mit der Hamas ab und konzentrierte sich wie Israel auf den Versuch, dem Beschuss israelischer Ortschaften mit *Kassam*-Raketen aus dem Gazastreifen durch eine Vereinbarung über eine befristete Waffenruhe ein Ende zu setzen. Das Ziel war für alle Beteiligten nicht mehr der Frieden, sondern das Bemühen, den Teufelskreis von *Kassam*-Raketen und israelischen Vergeltungsangriffen auf Ziele im Gazastreifen zu durchbrechen. Die israelische militärische Überlegenheit stand nie in Frage, vor allem die israelische Luftwaffe war jederzeit zu »gezielten Liquidierungen« von Führern der Hamas oder zu Angriffen auf militärische Ziele in der Lage. Doch die primitiven *Kassam*-Raketen, die man auch im belagerten Gaza in großen Mengen herstellen konnte, terrorisierten die israelische Bevölkerung der an den Gazastreifen grenzenden Ortschaften und setzten die Regierung unter Druck. Zwischen Herbst 2004 und Sommer 2006, also zu Sharons wie auch Olmerts Zeit als Ministerpräsident, hat Israel mehrere Militäroperationen unternommen, um das

Problem zu lösen – Unternehmen, die euphemistisch »Bußtage«, »Regenbogen« und ein andermal »Sommerregen« hießen. Der Teufelskreis blieb dennoch bestehen. Beide Seiten hatten zwar Interesse an einer Waffenruhe, aber in dieser Richtung lief die Entwicklung bis 2009 weiter. Die israelische Rechte konnte nicht nur zufrieden sein, weil der Weg über die *Road Map* zur Sackgasse geworden war, sondern auch deshalb, weil die Raketen aus dem Gazastreifen als Beweis herhalten konnten, dass ein israelischer Rückzug aus besetzten/befreiten Gebieten die Palästinenser nicht davon abhielt, Israel zu attackieren. Hier setzte sich die altbekannte Allianz der Friedensgegner, nämlich das Bündnis zwischen der israelischen radikalen Rechten und dem palästinensischen, muslimischen Fundamentalismus, erfolgreich fort. Wie brüchig die Situation war, zeigte die Entführung des israelischen Soldaten Gilad Shalit am 25. Juni 2006 nach Gaza, durch die Hamas ein Faustpfand erhielt, um inhaftierte Palästinenser aus israelischer Haft zu befreien.

Eine weitere Entführung war es, die die relative Ruhe um Israel herum durchbrach: Am 12. Juli 2006, nur zwei Monate nach der Gründung der Koalition zwischen Olmerts *Kadima*-Partei und der Arbeitspartei, griff die libanesische Hisbollah im Norden Israels eine Militärpatrouille an und entführte zwei israelische Soldaten. Israel entschied sich innerhalb von wenigen Stunden für einen massiven Angriff gegen die Hisbollah und den Libanon. Dass gerade zu diesem Zeitpunkt sowohl der israelische Regierungschef als auch der Verteidigungsminister Zivilisten und keine Generäle waren, trug zu dieser Reaktion erheblich bei. Zivilisten können es sich nicht leisten, Schwäche zu demonstrieren, schon gar nicht, wenn es um den

Mythos des »neuen« Juden geht, der sich anders als der Diasporajude verhalten soll; und wenn das Militär einen erfolgreichen Feldzug verspricht, ist der Weg frei für einen Krieg. So tobte in den kommenden fünf Wochen der Zweite Libanonkrieg. Hisbollah beschoss den Norden Israels mit Kurzstreckenraketen, und Israel griff libanesische Städte und Infrastruktur von der Luft aus an.

Dieser Krieg, der 130 israelischen Soldaten das Leben kostete und weitere 30 israelische Zivilisten tötete, hätte eigentlich den Vorteil eines Friedens veranschaulichen müssen. Die zwei entführten Soldaten waren bereits am Tag der Entführung getötet worden, der Krieg, der angeblich um ihre Freilassung geführt wurde, war somit ein vergebliches Unterfangen. Dennoch gab es wenig Kritik an der Entscheidung selbst, den Vorfall als Auslöser für einen Krieg zu funktionalisieren, weil außer der Frage der entführten Soldaten die Frage der Abschreckung im Vordergrund stand. Das Militär sowie die israelische Politik sehen in der prinzipiellen Abschreckung einen existenziellen Schlüssel. Da man ohnehin davon ausgeht, dass die Umwelt stets darauf bedacht ist, Israel zu vernichten, und islamistische Bewegungen wie Hamas oder Hisbollah für die Speerspitze dieser antiisraelischen Absicht gehalten werden, die ja auch ipso facto eine antisemitische ist, scheinen Vergeltungsschläge stets die angemessene Reaktion zu sein, um die Abschreckung wiederherzustellen. Nun wiederholte sich 2006 das bereits erwähnte Syndrom des *Shimshen der Nebechdike*: Man bombardierte Libanon flächendeckend, bewies die absolute Übermacht Israels, beklagte aber zugleich die Hilflosigkeit der Bewohner im Norden Israels, die unter dem Beschuss der Raketen aus dem Libanon leben oder sterben mussten.

Gegen Ende dieses Krieges startete Israel zusätzlich eine

dubiose Bodenoffensive, um einen günstigen Waffenstillstand zu erzwingen. Denn die satte, verwöhnte israelische Gesellschaft war mental letztlich unfähig, einen langen Krieg zu führen. Und als die Ruhe wiederhergestellt war – die Hisbollah schoss keine Raketen mehr ab –, kam schließlich der Aufschrei. Nicht etwa, weil man in den Krieg gezogen war, sondern weil der Krieg plötzlich zu sehr nach einer Improvisation aussah, als Niederlage interpretiert werden konnte und mehr als 150 Menschenleben auf israelischer Seite gekostet hatte, wobei die erschreckenden Zahlen getöteter Libanesen in dieser Bilanz irrelevant waren. Der Generalstabschef, der Verteidigungsminister Peretz und einige Offiziere mussten zurücktreten, nachdem eine Untersuchungskommission sie für den misslungenen Krieg verantwortlich gemacht hatte. Beim nächsten Mal sollte es anders werden.

Und tatsächlich gab es ein nächstes Mal: Zwei Jahre nach dem Zweiten Libanonkrieg kam die Gelegenheit, auf israelische Art aus der Geschichte zu lernen, aber nicht etwa die Lektion, dass man Wege suchen sollte, um mit dem Feind zu verhandeln und einen Frieden zu erzielen, sondern die Erkenntnis, dass man mit Hilfe eines Krieges das Abschreckungspotenzial wiederherstellen kann bei minimalen eigenen Verlusten. Zwar ebbte die Intifada seit dem Abzug aus Gaza 2005 ab, aber der Raketenbeschuss von dort auf israelisches Gebiet ging weiter. Die israelischen Maßnahmen gegen die Hamas im Gazastreifen, vor allem die Isolierung des Gebietes und seine praktische Belagerung, gaben der Hamas kaum ein anderes Mittel des Widerstands in die Hand. 2008 konnte noch einmal ein Waffenstillstand vereinbart werden. Als aber die Hamas für dessen Verlängerung neue Bedingungen stellte und ihre Forderungen mit dem Beschuss Israels durch Raketen bekräftigte, begann Israel zwei Tage nach Weihnachten 2008 mit einem massiven Angriff auf den Gazastreifen. Auch diesmal litten Israelis – im Süden des Landes zwischen Askalon und Beer-Sheba – unter Raketensalven. Doch die Zahl der Toten auf israelischer Seite war viel geringer als im Krieg an der Nordgrenze zwei Jahre zuvor: 3 Zivilisten fielen den Raketen zum Opfer und 10 Soldaten fielen im Kampf (darunter 4 durch *friendly fire*). Der Krieg dauerte nur 3 Wochen. Wieder gab es Kritik, jedoch nicht am Militär, das auch nach eigenen Angaben unbeteiligte Zivilisten und nicht nur Hamas-Kämpfer getötet hatte, sondern an Politikern, die nicht noch entschlossener und grausamer gegen Gaza und die Hamas hatten vorgehen wollen und die die Befreiung des entführten Soldaten Gilad Shalit – angeblich ein Kriegsziel – nicht erreicht hatten. Der bereits seit dem Libanonkrieg angeschlagene Ministerpräsident Olmert musste nun wegen einer Korruptionsaffäre zurücktreten. Seine Partei und die Arbeitspartei verloren die Wahlen am 10. Februar 2009. Zwar konnte sich *Kadima* mit Außenministerin Zipi Livni an der Spitze als stärkste Partei (etwa 25 Prozent) behaupten, aber der Weg war jetzt frei für eine Koalition der Rechten zum zweiten Mal mit Benjamin Netanyahu als Ministerpräsidenten und dem rechtsradikalen Avigdor Lieberman als Außenminister, der, wie bereits erwähnt, den Frieden mit den Palästinensern gar nicht auf der Tagesordnung seines Ministeriums hat, weil er von einer prädestinierten Fortsetzung des Unfriedens ausgeht. 75 Prozent der jüdischen Israelis wählten 2009 rechts, davon mehr als 50 Prozent rechts von Mitte-Rechts, und um diese politische Situation zusätzlich ad absurdum zu führen, schloss sich die auf 10 Prozent dezimierte Arbeitspartei mit dem ehemaligen Ministerpräsidenten

Barak der neuen rechtsorientierten Koalition mit Lieberman und seinen Gesinnungsgefährten an.

Die Ruhe ist nun wieder eingekehrt. Diese relative Ruhe gibt angeblich – bis auf Weiteres – denen recht, die für die harte Bestrafung der Hamas in Gaza plädierten. Doch die Konstellation hat sich nicht geändert. Hamas im Süden wie auch Hisbollah im Norden gelten als existenzielle Bedrohungen. Und obwohl Syrien auch Gesprächsbereitschaft signalisiert, gilt es weiterhin als Feind, nicht zuletzt wegen seiner Verbindung zum Iran, der seit dem Sturz Saddam Husseins 2003 zum Erzfeind Nr. 1 »aufgewertet« worden ist. Um das Bild des Schreckens vollends auszumalen, reicht der Hinweis auf die Zusammenarbeit zwischen Iran, Hisbollah und Hamas allerdings nicht aus. Es muss die nukleare Bedrohung herangeholt werden. Wenn man Angst vor dem Frieden hat, bereitet man sich auf den Krieg vor – diesmal gegen den Iran. Dass der neue amerikanische Präsident diese Politik Israels nicht unterstützt, macht ihn in den Worten der Kultur- und Sportministerin aus der Partei Netanyahus zu »Obama, dem Schrecklichen«. Dass die türkische Regierung, die Regierung eines gegenüber Israel freundlichen muslimischen Staates in der Region, die zwischen Israel und Syrien vermittelt, an Israel Kritik übt, wird als Vorwand benutzt, um auch die Beziehungen zu diesem Regime zu ruinieren und einen neuen Anfang des Friedensprozesses mit Syrien zu blockieren.

Gewiss: Obama ist nicht Bush jr. und konnte Netanyahu zwingen, die Zwei-Staaten-Lösung zu akzeptieren. Dies geschah am 14. Juni 2009 in einer Rede in der Bar Ilan Universität. Netanyahu hat dieses Zugeständnis selbstverständlich an Vorbedingungen gekoppelt: keine Rückkehr von Palästinensern in das Gebiet des Staates Israel, ganz Jerusalem bleibt Hauptstadt Israels, und – das Allerentscheidendste – die Palästinenser erkennen Israel als »Staat des jüdischen Volkes« an. Mit der Bedeutung dieser Bedingung werden wir uns später befassen. Da aber Netanyahu keine praktische Konsequenz aus diesem Bekenntnis zur Zwei-Staaten-Lösung zog und nicht einmal einen wahren Baustopp in den Siedlungen (inklusive Ost-Jerusalem) durchsetzen wollte, konnte der von der radikalen Hamas unter Druck gesetzte Abu Mazen nicht in Friedensgespräche mit ihm einsteigen, was wiederum Netanyahu als Gambit nutzte: Nicht er, sondern die Palästinenser sind die Nein-Sager. Auch die indirekten Gespräche, die im März 2010 begonnen haben, können keinen Durchbruch erzielen. Netanyahu provoziert die Palästinenser und Obama zugleich, indem er im palästinensischen Ostjerusalem Wohnungen für jüdische Siedler bauen lässt, und blockiert somit den Versuch, doch eine Annäherung zwischen Israel und den Palästinensern zu ermöglichen.

So gesehen ist die Gefahr des Friedens in weite Ferne gerückt. Keine Angst.

3. Die Angstmacher und ihre Ge

Die Angst vor dem Frieden ist zum gemeinsamen Nenner der politischen Positionen in Israel geworden. Dies konnte nicht ohne die Initiative oder zumindest Mitwirkung der wichtigsten Sozialisationsagenturen – des Bildungssystems und der Medien – geschehen. Das Bildungswesen hatte bereits vor der politischen Wende von 1977 eine Haltung gefördert, der eine friedliche Lösung des Konflikts aus historischen Gründen eher als unwahrscheinlich galt. Seither hat sich diese Tendenz trotz einiger linker Bildungsminister verstärkt. Der gegenwärtige Bildungsminister Gideon Sa'ar vom Likud-Block hat kürzlich feststellen müssen, dass die Bereitschaft von Rekruten, den Militärdienst in Kampfeinheiten zu absolvieren, zurückgegangen sei. Statt Ursachenforschung zu betreiben – vielleicht hält man das Militär für überflüssig; vielleicht wollen junge Israelis ihren Militärdienst nicht an Straßensperren verbringen; vielleicht ziehen sie den Wohlstand dem soldatischen Heldentum vor –, forderte er das Militär dazu auf, hohe Offiziere in die Schulen zu schicken, um Lehrer und Schüler davon zu überzeugen, dass dieser Dienst für Israel unbedingt erforderlich und notwendig sei. Mit anderen Worten: Die Ausgangsposition in den Ministerien ist eben, dass in Israel keine Alternative zur Fortsetzung des Konflikts erwartet wird. Offiziere und Lehrer sollten daher eine gemeinsame Front schaffen.

ch in den Medien können die Interessengruppen, denen u einer allgemeinen Atmosphäre der Angst gelegen ist, als vielfältige Angstmacher ihre Kanäle finden, um das Gefühl der Unsicherheit zu verstärken und einen Friedensprozess zu blockieren. Denn die öffentlich-rechtlichen Rundfunkstationen und staatlichen Fernsehanstalten betrachten wie die kommerziellen Sender und Zeitungen die Alternative zum Krieg eher als unrealistisch und schüren die allgemeine Angst, auch die Angst vor Friedensgesprächen und Friedensplänen. Angst verkauft sich immer gut, aber in Israel ist es weniger die Angst vor einer Umweltkatastrophe oder vor sozialen Missständen als viel mehr die Angst vor Palästinensern, Arabern, Iranern, Muslimen überhaupt und vor anderen Gruppen, wie zum Beispiel Asylanten und Fremdarbeitern. Es mangelt nicht an realen Gefahren; es gibt tatsächlich Menschen und Organisationen, die Israel und Israelis Schlimmes antun möchten. Nur könnte man mit diesen Gefahren im öffentlichen Diskurs anders umgehen – Ursachenforschung betreiben und für die Zukunft Alternativen suchen, die die Gefahren entschärfen bzw. eine Tendenzwende herbeiführen könnten. Die Mehrheit der Israelis – Juden wie Araber – die, wie die Mehrheit in den anderen hoch entwickelten Ländern sich vor allem für soziale Sicherheit und materielles Wohlergehen, kurz: für das gute Leben interessieren, hätte eigentlich Grund genug, um dem Licht am Ende des Tunnels, am Ende eines gelungenen Friedensprozesses entgegenzueilen.

Dafür, dass diese Mehrheit die Tendenzwende nicht herbeiführen kann oder mag, sind militante Minderheiten, Gruppen und Meinungen verantwortlich. Für die Mehrheit scheint das Risiko der Konfrontation mit Gruppen und Meinungen, die von einer allgegenwärtigen Gefahr für Israel ausgehen, größer zu sein als die Gefahr, den kriegerischen Status quo fortzusetzen. Deshalb vermeidet sie es, den Sinn der aktuellen Haltung zu hinterfragen und sich mit deren Protagonisten auseinanderzusetzen. Um welche Gruppen und Meinungen es sich handelt – damit befasst sich dieses Kapitel.

Die wahren Postzionisten

Die israelische Gesellschaft hat in den letzten drei Jahrzehnten eine ideologische Revolution erlebt, ohne diese richtig wahrzunehmen. Die Staatsideologie, der Zionismus, hat seine Paradigmen, zumindest aber seine Prioritäten gewechselt. Diese Revolution kam spätestens nach der El-Aksa-Intifada zu einem gewissen Abschluss. Ein Indiz dafür ist das Abflauen der in den 1980er- und 1990er-Jahren heftig geführten Auseinandersetzung mit den sogenannten Postzionisten. Als solche wurden hauptsächlich Historiker und Soziologen mit einer kritischen Einstellung zu verschiedenen Aspekten der zionistischen und israelischen Geschichte und Gegenwart bezeichnet. Die Kontroverse mit Kritikern oder angeblichen Gegnern eines vermeintlich echten, wahren oder wirklichen Zionismus war jedoch nicht mehr als ein Versuch, vom eigentlichen Geschehen, von der bereits stattfindenden Revolution im Zionismus, abzulenken. Nach deren Abschluss erübrigte sich das geschickte Ablenkungsmanöver von selbst. Der sogenannte Postzionismus konnte zu den Akten gelegt werden, und die als Postzionisten bezeichneten Personen werden seither nicht mehr beachtet oder sind bisweilen Gegenstand von Anekdoten. Angeblich war der Abwehrkampf des guten alten Zionismus erfolgreich. Tatsächlich aber präsentiert sich heute unter dem altvertrauten Namen »Zionismus« eine neue Staatsideologie, die mit diesem nur noch wenig gemein hat.

In den 1980er-Jahren wurden in der Geschichtswissenschaft wie auch in der Öffentlichkeit historische Fragen diskutiert, die unter Umständen zu aktuellen, unbequemen, revisionistischen Antworten hätten führen können: Gab es für Israel, gab es für den Zionismus Auswege aus dem gewaltsamen Konflikt mit den Arabern? Hat der Zionismus die »Judenfrage« wie versprochen lösen können? Waren Israels Kriege immer gerechte Kriege gewesen? Hat der jüdische Nationalismus, hat der Zionismus seit der Staatsgründung gefährliche Züge angenommen? Inwieweit ist der Zionismus für die Entstehung des palästinensischen Flüchtlingsproblems verantwortlich? Diese Aspekte wurden zu einem Zeitpunkt erörtert, an dem nicht mehr die Vertreter der Gründerideologie, sondern deren Epigonen oder Gegner die Politik anführten und die alte hegemoniale Geschichtsinterpretation ohnehin allgemein ins Wanken geraten war. In einer ideologisch stark verunsicherten Gesellschaft, in der die sozialistischen Elemente als fremdartig und als nicht jüdisch empfunden und praktisch zunehmend ausgeblendet wurden, während der Begriff »jüdisch« zugleich eine entsprechende Aufwertung erfuhr, war der Weg frei für ein alternatives Verständnis des Zionismus und der jüdischen Geschichte überhaupt. Die Auseinandersetzung mit kritischen Ansätzen gegenüber dem traditionellen Zionismus wurde funktionalisiert, um für dieses neue Verständnis dialektisch Platz zu schaffen. Die Taktik war relativ einfach: Die unbequemen Historiker, Intellektuellen und ihre Sympathisanten wurden unter der pauschalen Bezeichnung »Postzionisten« als Gegner, Feinde, bisweilen auch Verräter präsentiert und dann diskreditiert, demontiert und delegitimiert. Das Ziel war jedoch nicht die Wiederherstellung der althergebrachten Tradition, sondern die Konstruktion einer neuen, die einerseits auf den aus der Debatte »geretteten« Aspekten aufbauen konnte, andererseits aber auf Elementen beruhte, die bisher im Zionismus keine oder nur eine marginale Rolle gespielt hatten.

Im politischen Klima nach 1977, also nach der Wende von einer sozialdemokratischen zur nationalistischen Politik, von der Arbeitspartei-Regierung zur Likud-Regierung, konnte man nicht einfach auf die alte, bewährte Interpretation der Geschichte zurückgreifen, weil das an die Macht gekommene nationalistische Lager selbstverständlich an nichts weniger interessiert war. Ein neues Geschichtsbild musste entworfen werden. Allerdings wollte man die »alten« Historiker, die keinen kritischen Ansatz gegenüber Zionismus und Staat vertraten, als Mitstreiter für den neuen Weg gewinnen. So konstruierte man die »Postzionisten« als »neue« Historiker und Gegner des sozialdemokratischen Establishments wie auch des nun siegreichen bürgerlich-nationalistischen Lagers. Über diesen gemeinsamen Feind hinweg streckte man sich gewissermaßen dialektisch gemeinsam aus zu einer alternativen religiösen Wurzel des Zionismus. Dass sich die neuen Machthaber in Israel mit dieser Taktik anfreunden konnten, darf nicht verwundern – die Argumente der Nationalisten hatten immer einen starken religiösen Unterton. Dass auch die Wächter der traditionellen Denkrichtung bei dem Spiel mitmachten, war schon paradox; denn auf die Art und Weise haben sie sich selbst und ihre Weltanschauung im Endeffekt aufgegeben und den Weg freigemacht für einen von ihnen bisher abgelehnten ethnozentrischen und religiösen Zionismus. Die Sozialisationsagenturen des Landes akzeptierten in dieser Form einen jüdischen Sonderweg, der auch im Hinblick auf den Nationalismus ein vermeintlich biblischer Weg sein sollte. Da das Ergebnis des neuen Denkprozesses eine zionistische Ideologie war, die sich in erster Linie um den jüdischen Charakter des Judenstaates sorgt, handelt es sich dabei im Endeffekt um eine totale Dekonstruktion des traditionellen Zionismus. Mit anderen Worten: *Die Staatsideologie, die sich noch immer Zionismus nennt, ist letztlich der wahre, wenn man so will, wirkliche Postzionismus,* ganz im Gegensatz zu der Vogelscheuche, die man gerne als Postzionismus bezeichnet und als solchen so leidenschaftlich bekämpft hat.

Der Streit endete, wie er enden musste. Die Historiker, Soziologen und Politologen, die als Postzionisten bezeichnet wurden, sind mittlerweile entweder in das gegnerische Lager übergelaufen – hierfür ist der Historiker Benni Morris, der praktisch als Erster die Entstehung der palästinensischen Flüchtlingsfrage im Krieg 1948 in seinen Forschungen thematisiert hatte, seit Beginn der El-Aksa-Intifada das Paradebeispiel –, oder sie wurden so stark marginalisiert, dass sie in der öffentlichen Diskussion heute kaum noch berücksichtigt werden. Aber selbst sie begreifen nicht, wie absurd die gegenwärtige Diskussion um den zionistischen Charakter Israels tatsächlich geworden ist. Sie versuchen im Ernst, den geforderten Spagat zwischen »demokratisch und jüdisch«, auf den wir sogleich ausführlicher zu sprechen kommen werden, zu bewältigen. Der Historiker Yoav Gelber, ein Traditionalist und Positivist von der Universität Haifa, hat 2007 mit den »postzionistischen« Kollegen in seinem Buch *Geschichte, Gedächtnis und Propaganda* abgerechnet. Für ihn steht fest: Alles ist Propaganda, was er nicht für Geschichte hält. Entsprechend sind die sogenannten Postzionisten Propagandisten mit falschem

Credo. Doch diese Abrechnung kam zu spät: Die sogenannten Postzionisten waren ja bereits ebenso besiegt und geschlagen wie die Interpretation der jüdischen Geschichte nach dem Geschmack des Kollegen Gelber. Nur hat er das noch nicht begriffen.

Am Ende dieser Revolution des Zionismus steht der Primat des »Jüdischen« im Gesamtbild des Staates und seiner immer noch Zionismus genannten Staatsideologie. Das Jüdische im religiös-orthodoxen Sinne ist, es sei nochmals betont, der eigentliche Inhalt dieses wahren Postzionismus. Der Versuch, »jüdisch« in einem nichtreligiösen oder unter Umständen sogar im religiösen, aber reformorientierten Sinn zu verstehen, wurde aufgegeben. Der Begriff des »Jüdischen« darf auch im Zusammenhang mit dem modernen Begriff des Zionismus nur im Sinne der orthodoxen Tradition ausgelegt werden. Es verwundert also nicht, dass sich bei bestimmten Fragen zwischen »demokratisch« und »jüdisch« ein Hiatus auftut; da das »Jüdische« zum primären Wert geworden ist, wird das »Demokratische« in diesen Fällen untergeordnet, oft sogar pejorativ assoziiert. Was als »jüdisch« in der jüdischen Gesellschaft Israels verstanden wird, zeigte eine 2006 von den Soziologen Peres und Ben-Rafael veröffentlichte Umfrage: Vor die Alternative gestellt, einen demokratischen *oder* einen jüdischen Staat zu haben, waren 84 Prozent der Ultraorthodoxen für den jüdischen Staat und 9 Prozent für den demokratischen Staat, während sich als säkular bezeichnende Personen zu 63 Prozent für den demokratischen und nur zu 9 Prozent für den jüdischen Staat aussprachen – der Maßstab ist also ganz deutlich die Religion in ihrer orthodoxen Interpretation. Insgesamt hielten aber 45 Prozent der Gesamtbevölkerung den demokratischen Staat für wichtiger als den jüdischen Staat, für den nur 26 Prozent votierten, während für 30 Prozent ein Sowohl-als-auch galt.

Bedeuten diese Verhältnisse umgekehrt, dass nur 25 Prozent bereit sind, auf die Demokratie zu verzichten, während 44 Prozent auf den jüdisch-religiösen Charakter des neuen Zionismus verzichten könnten? Zunächst ist diese Relation als solche keineswegs ein Kompliment für eine Gesellschaft, die früher den Anspruch, eine Mustergesellschaft zu sein, erhoben hatte. Hinzu kommt, dass der Begriff »säkular« in Israel durch manche Umfrageergebnisse wie zum Beispiel die folgenden aus dem Jahre 2002 stark relativiert wird: Etwa 70 Prozent der Israelis beachten die orthodox-religiösen Vorschriften des Pessach-Festes, des Versöhnungstages Yom Kippur und des Lichterfestes Chanukkah, und immerhin etwa 50 Prozent unterhalten eine koschere Küche mit der Trennung von Milchig und Fleischig. Das konsequent säkulare Fundament der Gesellschaft ist wohl doch eher begrenzt und die Akzeptanz der jüdisch-religiösen Prioritäten bzw. des orthodoxen jüdischen Staates stark verbreitet, selbst wenn man von populären pseudoreligiösen Sitten wie dem Glauben an Rabbi Nachman aus Bratslav und Pilgerfahrten zu seinem Grab in der Ukraine absieht. Mit anderen Worten: In diesem Fragenkomplex ist die Mehrheit leicht von der Minderheit zu beeinflussen oder gar zu erpressen.

Azmi B'shara, ein arabischer Knesset-Abgeordneter, der seit 2007 nicht mehr in Israel lebt, weil der Geheimdienst ihn wegen Hochverrat und Spionage verfolgt, führte die Parole »Israel – Staat aller seiner Bürger« als Kampfparole ein. Damit fiel der Schleier, hinter dem sich die Diskussion um den jüdischen Charakter des Staates verbarg. Was B'shara meinte und propagierte, war die Gleichberechtigung aller Staatsbürger Israels, also auch der arabischen Staatsbürger, die mehr als 20 Prozent der israelischen Gesamtbevölkerung ausmachen. In einer Demokratie eine Selbstverständlichkeit, nicht aber im postrevolutionären Israel. Auf dem Hintergrund der Wortkombination »jüdischer Staat« war B'sharas Aufruf mit der Wortkombination »Staat aller seiner Bürger« eine Provokation, die hohe emotionale Wellen schlug.

Es blieb und bleibt aber nicht bei einer theoretischen Debatte. Der Begriff »jüdischer Staat« wird im öffentlichen wie im politischen Diskurs nicht abstrakt und theoretisch behandelt, sondern daraus werden praktische Schlussfolgerungen im täglichen Lebens gezogen: Jüdische Staatsbürger werden privilegiert, während Nichtjuden eher den Status tolerierter Staatsangehöriger zweiten Ranges einnehmen. Dass der frühere und mittlerweile verstorbene Abgeordnete und Minister Rehavam Ze'evi, der Gründer der für einen »Transfer von Arabern« eintretenden Partei, diese Meinung zu Lebzeiten verbreitete, konnte niemanden überraschen. Wenn eine Bürgerrechtlerin wie die Jura-Professorin Ruth Gavison, 2007 zum jüdischen Staat befragt, der Meinung war, dass »das jüdische Volk einen Ort braucht, wo Juden auch Juden ... in der Öffentlichkeit sein können«, verwundert dies schon. Das Klischee vom Diasporajuden, der in der Öffentlichkeit sein Judentum nicht zeigen kann, ist spätestens seit Woody Allen obsolet. Etwa die Hälfte der Juden in der Welt leben in den USA, wo man die Zugehörigkeit zum Judentum nicht mehr verheimlichen oder verschweigen muss. Von der in Israel dominierend werdenden Auslegung des »jüdischen Staates« auszugehen würde Tür und Tor für ein Verständnis von einem jüdischen Staat öffnen, der sich gegenüber Nichtjuden diskriminierend verhält.

Obwohl gewiss nur eine Minderheit den jüdischen Staat als Instrument der Bevorzugung von Juden in Israel ohne Einschränkung funktionalisieren will, zieht die Mehrheit langsam und oft unbewusst nach. Ein aktuelles Beispiel: Neu entstehende Kommunen im Kernland Israels, nicht in den besetzten Gebieten, lassen oft eine Satzung erstellen, wonach nur Personen »mit zionistischer Einstellung« in den betreffenden Ortschaften wohnen dürfen, was praktisch mit der Schaffung von »araberfreien« Kommunen gleichzusetzen ist. Die Mehrheit der jüdischen Israelis nimmt daran aber keinen Anstoß. Das Gesetz schreibt auch vor, dass Land im Besitz der *Jewish Agency* nur an Juden verkauft oder verpachtet werden darf. Oder noch ein weiteres, eher trivial anmutendes Beispiel: Vielleicht sind nicht alle Anhänger des Fußballvereins *Beitar Jerusalem* so extrem wie der *Beitar*-Fanklub *La Familia*, aber, wie sich 2009 wiederholt zeigte, der Verein *Beitar* selbst wird es sicher auch in Zukunft nicht wagen, einen arabischen oder muslimischen Fußballspieler unter Vertrag zu nehmen. Der jüdische Staat, behaupten *Beitar*-Fans, verlangt nach »rein jüdischen« Fußballmannschaften. Zum Glück gehen andere Sportvereine nicht so weit, und die Nationalmannschaft setzt auf Qualität, nicht auf Herkunftshintergrund. Das Verhalten der Zuschauer auf den Tribünen lässt allerdings nicht viel Raum für Optimismus. Aber nicht nur Fußballfans, sondern auch viele andere rechtfertigen diese Haltung mit der rhetorischen Frage: Wozu hat man nach zweitausend Jahren im Exil einen Judenstaat gegründet? oder: Araber haben ja 22 Staaten, wir nur den einen, oder?

Und es geht um mehr: Seit der Staatsgründung 1948, praktisch aber seit 1950 hat das israelische Rückkehrgesetz, das nur für Juden gilt, eine Störung der Balance herbeigeführt.

Das Gesetz garantiert jedem Juden, jeder Jüdin auf der Welt das Recht, als Einwanderer nach Israel zu kommen und automatisch die israelische Staatsbürgerschaft zu erhalten. Araber und Araberinnen hingegen geraten mit einem Antrag auf Staatsbürgerschaft, selbst wenn sie vormals im seit 1948 zu Israel gehörenden Teil Palästinas gelebt oder einen israelischen Araber bzw. eine israelische Araberin geheiratet haben, in die Mühlen des israelischen Innenministeriums, das zunehmend eine Politik betreibt, die Kritiker als »lautlosen Transfer« von Arabern und Palästinensern bezeichnen.

Nun kann man verstehen, dass wenige Jahre nach der Shoah das Rückkehrgesetz als Verwirklichung eines zionistischen Traums und als Antwort auf die Shoah und auf die von Antisemiten geschaffene »Judenfrage« eingeführt wurde. Dass das *ius sanguinis* und nicht das *ius loci* damals als Grundprinzip fungierte, war wohl akzeptabel und auch nicht singulär. Mit der Zeit wurde das »Recht auf Rückkehr« für Juden allerdings erweitert – seit 1970 reicht ein jüdischer Großvater aus, um es in Anspruch zu nehmen –, während arabische Antragsteller immer ablehnender behandelt wurden. Das deutet auf eine neue Auslegung des Begriffs Zionismus hin, denn die Unabhängigkeitserklärung Israels vom 14. Mai 1948 spricht vom Handreichen des jüdischen Kollektivs an die Nichtjuden, von bürgerlicher Gleichberechtigung »ohne Unterschied von Religion, Rasse und Geschlecht«, von Glaubens- und Gewissensfreiheit und vom gemeinsamen Wirken beim Aufbau des Landes. Damit jedoch steht die Politik nicht im Einklang, die Israel mit Nachdruck seit Beginn der El-Aksa-Intifada betreibt: Verordnungen wurden erlassen, die im Fall einer Eheschließung zwischen israelischen Staatsbürgern (das heißt Arabern) und Palästinensern aus den besetzten Gebieten oder

der Diaspora die Zusammenführung von Familien in Israel verhindern bzw. den israelischen Partner praktisch zur Auswanderung zwingen. Nachdem der Oberste Gerichtshof dieses Vorgehen Ende 2009 scharf kritisiert hat, will man in der Knesset eine entsprechende Änderung des Grundgesetzes »Menschen- und Bürgerrechte« durchbringen. Das Parlament bemüht sich, die vom Obersten Gerichtshof kritisierte Praxis zu sanktionieren – so weit kann man heute in Israel gehen.

Konsequent reagierte der arabisch-palästinensische Knesset-Abgeordnete Achmed Tibi, ein scharfzüngiger und populärer Parlamentarier, im Jahr 2006 auf die neue Vision vom jüdischen Staat: Angesichts dieses revolutionären Verständnisses vom jüdischen Charakter des Staates reichte ihm sogar die individuelle Gleichberechtigung und der Spruch »Staat aller seiner Bürger« nicht mehr aus. Tibi verlangte die Anerkennung der israelischen Araber als nationale Minderheit, ein Status, den nach dem Ersten Weltkrieg zum Beispiel Juden in Polen innehatten. Würde eine solche Regelung eingeführt, wäre das Recht der jüdischen Mehrheit, Gesetze zu verabschieden, welche wiederum die Rechte der Minderheit verletzen, verfassungsmäßig begrenzt. Dass er sich mit seiner Initiative *nicht* durchsetzen kann, weiß Tibi wohl.

Es ist ein ewiges Spiel, bei dem ein relativ kleiner, einflussreicher Sektor in der jüdisch-israelischen Gesellschaft der schweigenden oder unaufmerksamen Mehrheit ein künstliches Problem aufzwingt, die Spannungen zwischen den Bevölkerungsgruppen weiter eskalieren lässt und die Mehrheit der israelischen Juden als Geiseln mitzieht. Der Erfolg des radikalen Sektors wird vor allem durch die Besatzung des Westjordanlandes und den Unfrieden mit den Palästinensern begünstigt, was auch ein Grund sein mag, diesen Zustand permanent aufrechtzuerhalten. Weil die Palästinenser in den besetzten Gebieten als ultimative Feinde, potenzielle Selbstmordattentäter und Terroristen gelten, die man mit radikalen Mitteln bekämpfen muss – von der Überwachung und totalen Kontrolle bis hin zur Verhaftung und Tötung –, bleiben in diesem Kontext demokratische und liberale Grundsätze oft unberücksichtigt. Es ist nahezu unmöglich, Handlungsweisen in den besetzten Gebieten und im Kernland Israel klar voneinander abzugrenzen – die undemokratischen Denk- und Handlungsmuster pflanzen sich im Kernland fort. Ein Beispiel dafür wurde bereits erwähnt: die Vorgehensweise gegen israelische Araber bei Demonstrationen in Israel zu Beginn der El-Aksa-Intifada.

Aber es muss nicht immer so dramatisch kommen. Oft handelt es sich anscheinend um alltägliche Bagatellen wie das »Problem« der Landstraße Nr. 443. Diese Straße, die von der Küstenebene nach Jerusalem hinaufführt, durchquert auf circa 20 Kilometern die besetzten Gebiete südwestlich von Ramallah. Nach Ausbruch der Intifada wurden auf dieser Strecke einige Anschlägen auf israelische Fahrzeuge verübt, so dass der zuständige Militärkommandant die Zufahrt von umliegenden palästinensischen Dörfern und Ortschaften zur Landstraße Nr. 443 blockieren ließ (ein Bulldozer erledigt dies in wenigen Stunden) und aus Sicherheitsgründen ein Fahrverbot für Palästinenser auf dieser Straße verhängte. Mit Recht bekam die Landstraße den Spitznamen »Straße der Apartheid«. Erst 2009 riefen Menschenrechtsorganisationen den Obersten Gerichtshof Israels an; denn für den Bau der Straße war auch palästinensisches Land konfisziert worden mit dem Argument, die Straße diene den Bedürfnissen der lokalen Bevölkerung. In der

Eingabe an den Gerichtshof wurde verlangt, die Relation zwischen Sicherheitsmaßnahmen und Schaden für die palästinensische Zivilbevölkerung zu überprüfen. Seit Jahren gibt es entlang dieser Strecke keine Terroranschläge mehr, aber die Palästinenser im angrenzenden Gebiet müssen lange und unsichere Umwege einschlagen, um von einem Ort zum anderen zu kommen. Da die Straße Nr. 443 auf beiden Seiten durch die seit 2003 allmählich errichtete Mauer geschützt ist, wird selbst ein einfaches Überqueren für viele Palästinenser zum langen Marsch. Der Oberste Gerichtshof bezog sich in seiner Entscheidung auf das Prinzip der Verhältnismäßigkeit zwischen Maßnahmen und Folgen und forderte vom Militär, eine Lösung zu finden, die Straße also auch für den palästinensischen Autoverkehr freizugeben. Aus Kreisen der Siedler und rechtsradikaler Kräfte erhob sich ein Aufschrei – israelische Autofahrer haben sich an die für sie bequemen Apartheidsregeln zu sehr gewöhnt.

Die Knesset debattierte die Gerichtsentscheidung, der rechtsradikale Abgeordnete Eldad nannte sie »kriminell«, und seine Kampfgenossen schlugen ein neues Gesetz vor, um die Apartheidsregelung aufrechtzuerhalten. Dass es hier nicht nur um die Sicherheit israelischer Autofahrer geht, mag die Mahnung des Vertreters des Transportministeriums andeuten, dessen Minister ein besonders nach rechts tendierender Parteifreund Benjamin Netanyahus ist: Wenn plötzlich Palästinenser auf der Straße 443 fahren dürfen, werden jüdische Autofahrer die Straße meiden und den Verkehr auf der nicht durch die besetzten Gebiete führenden Parallelstraße, der Straße Nr. 1, das ist die Hauptstraße zwischen Tel Aviv und Jerusalem, zum Erliegen bringen. Ein interessantes Argument, um für eine Entrechtung von Palästinensern zu plädieren. Am

Anfang steht die kleine Gruppe der Siedler und der sie unterstützenden Jasager, am Ende ist die gesamte israelische Gesellschaft zur Geisel geworden.

Die Straße 443 ist nur eine Ader, die die Idee der uneingeschränkten Privilegien von Juden auf Kosten von Nichtjuden in den israelischen Alltag im Kernland einspeist und der diskriminierenden Haltung, von der wir in diesem Kapitel sprechen, zu Legitimität verhilft. Ein ähnlicher Trend zeigt sich beim Thema Rawabi, der ersten komplett neu errichteten Stadt, die für etwa 20000 palästinensische Bewohner nördlich von Ramalla auf palästinensischem Autonomiegebiet seit zwei Jahren gebaut wird. Die Privatunternehmer, die hinter dem ambitionierten Projekt stehen, betonen, die Gründung einer modernen arabischen Stadt sei ein klarer Hinweis auf das Streben der Palästinenser, endlich normal und im Frieden zu leben. Dies hätte eigentlich bei Israelis die Angst vor dem Frieden verringern sollen. Aber nein: Die Öffentlichkeit befasst sich mit dem Thema nicht, dafür tun die Behörden, die zum Beispiel die Genehmigung für den Bau der Zugangsstraße (im Gebiet B der Westbank, also unter israelischer Militärkontrolle) erteilen sollen, alles, um den Aufbau zu erschweren. Aggressiv sind die Einsprüche der benachbarten jüdischen Siedlung Ateret, der Siedlerbewegung und ihrer politischen Vertreter: Durch die Stadt werde die Verkehrsstraße nach Jerusalem überlastet, die Stadt habe keine ausreichende Infrastruktur, die Abwässer würden die Umwelt verschmutzen etc. Einwände, die bei der Gründung von jüdischen Siedlungen selbstverständlich ausbleiben.

Wie eng Praxis und Ideologie beim Thema »jüdisch« beieinander liegen, zeigte auch die Anfang 2010 entfachte Diskussion um »Stätten des israelischen Kulturerbes«. Eigentlich ging es um die Finanzierung und Sanierung von Orten und Institutionen, die man unter Denkmalschutz stellen wollte. Regierungschef Netanyahu sprach stolz von 150 derartigen Stätten – darunter war keine einzige, die nicht als »jüdisch« oder »zionistisch« zu bezeichnen ist. Mehr noch: Diese Gelegenheit wurde quasi automatisch von den rechtsradikalen Koalitionspartnern benutzt, um zu verlangen, dass zwei in den besetzten Gebieten liegende Stätten auf die Liste gesetzt werden – die Machpela Moschee mit den Patriarchengräbern in Hebron und das Grab Rachels bei Betlehem. Netanyahu gab widerstandslos nach. In Klartext: Nach diesem Verständnis ist nicht nur das Kulturerbe Israels ausschließlich jüdisch, auch die Grenze zum palästinensischen Gebiet und zum arabischen Kulturgut wird in einem offiziellen Akt der Regierung nicht beachtet. Und die Geisel, die Mehrheit der israelischen Bevölkerung, befindet sich wieder in einer »catch 22«-Situation: Kann denn jemand bestreiten, dass die beiden bereits im Alten Testament erwähnten Orte zum jüdischen, ja israelischen Kulturerbe gehören?

Die verwandelte Orthodoxie

Je häufiger sich der öffentliche Diskurs mit der Sprachmünze »jüdischer Staat« befasst, desto relevanter und entscheidender wird die Stimme und Meinung der jüdischen Orthodoxie im Land. Da die säkulare Mehrheit im israelischen Judentum ihren Anspruch auf die Definition, in welcher Hinsicht der Staat »jüdisch« sein solle, ja ihren Anspruch auf die Bestimmung von Zielen für Gesellschaft und Politik aufgegeben hat, bleibt es eigentlich der Orthodoxie, einer Minderheit in der Bevölkerung und in der politischen Klasse, überlassen, über beides zu entscheiden.

Versteht man das nationale Selbstbestimmungsrecht als Grundlage des nationalen Bewusstseins, kann die Bezeichnung »jüdisch« unterschiedlich gedeutet werden. Wird diese Grundlage jedoch aufgegeben – unter anderem weil eine nationale Selbstbestimmung auch die palästinensische Nationalbewegung legitimiert –, entsteht ein Vakuum. Dieses Vakuum hat sowohl die Orthodoxie als auch die Ultraorthodoxie genutzt und der verunsicherten Mehrheit ihre Werte angeboten oder aufgezwungen.

Der paradoxe Machtgewinn der politisch organisierten Orthodoxie in den letzten Jahren hat zwei Wurzeln. Zum einen wurde die zionistische Orthodoxie seit 1967 unerwartet zur Speerspitze der »Ganz-Israel«-Ideologie und der Siedlungsbewegung. Zum anderen hat die Ultraorthodoxie, vor allem die erst seit den 1980er-Jahren politisch aktive orientalische (sephardische) Ultraorthodoxie, den Weg von der Ablehnung des Zionismus und des Judenstaates zur tragenden Säule des neuen Zionismus beschritten, den wir in unserem Zusammenhang als wahren Postzionismus definiert haben. Die Shas-Partei der orientalischen Ultraorthodoxie ist im Jahr 2009 so weit gegangen, einen Antrag auf Aufnahme in die zionistische Organisation zu stellen. »Wir sind die wahren Zionisten«, meinen diese wahren Postzionisten, daher gibt es für sie keinen Grund mehr, formal außerhalb des zionistischen Establishments zu bleiben. In der heutigen zionistischen Organisation wird diese Selbstwahrnehmung der Shas-Bewegung auch niemand mehr anzweifeln. Die tiefe Kluft zwischen beiden Strömungen – der zionistischen Orthodoxie und der antizionistischen Ultraorthodoxie (bis auf die die aus Ost-Europa kommende ultraorthodoxe »Aguda«-Organisation, die sich im religiösen, biblischen Sinne des Wortes als zionistisch versteht, sich aber der zionistischen Organisation aus historischen Gründen nicht anschließt) – wurde somit überbrückt. Es entstand ein Lager auf zwei Grundpfeilern, den Nationalreligiösen als Erben der alten orthodoxen Zionisten und den Nationalultraorthodoxen als Erben der früher antizionistischen Ultraorthodoxen, das den Spitznamen Chardal bekam (hebräische Abkürzung für den Spagat von ultraorthodox [*charedi*] und nationalreligiös [*dati le'umi*]). Beide zusammen machen etwa ein Fünftel der jüdischen Mehrheit in Israel aus – zwei Minderheitsgruppen, die heute gemeinsam erheblich größer sind als noch vor 20 Jahren und nun auch an einem Strang ziehen, um die nichtorthodoxe Mehrheit in Schach zu halten.

Ein Beispiel für eine eher unorthodoxe Karriere eines orthodoxen Politikers, den man als *Chardal* bezeichnen kann, ist die des bereits oben erwähnten Efi Eitam. Er wuchs als säkulares Mitglied eines Kibbuz auf, machte eine Karriere als Offizier (zeichnete sich auch durch Misshandlung von Palästinensern aus), wurde General und schließlich zum Renegaten: Er wandelte sich zum fanatischen, orthodoxen Nationalisten. Seit 2002 in der Politik, führte er die Nationalreligiöse Partei und war sogar Minister in Sharons Regierung. Für ihn galt: Frieden mit Arafat, Irak oder Iran sei unmöglich. An einer kriegerischen Auseinandersetzung führt kein Weg vorbei. Im Westjordanland darf kein Palästina-Staat entstehen, und die Palästinenser dürfen höchstens »Bewohner ohne Wahlrecht sein«. Er war allerdings davon überzeugt, dass »Israel die Seele der Welt« sei. Dass ein Politiker mit einer solchen Weltanschauung einige Jahre Vorsitzender der Nationalreligiösen Partei und Mitglied der Regierung sein konnte, zeigt, wie leicht es für die Orthodoxie ist, den Friedensprozess zu torpedieren.

Ein zentraler Begriff im Gebrauch der Orthodoxie ist die Bezeichnung *Gojim* – die Völker. Dieser Begriff ist traditionell negativ besetzt und bezieht sich auf alle nichtjüdischen Völker (im Gegensatz zum einzigen *Goi Kadosh*, dem »heiligen Volk«). Im Zustand der Diaspora war es allerdings oberstes Gebot, die *Gojim* nicht zu provozieren. In Israel entfällt dieses Gebot, und man darf – auch nach der Meinung eines Großteils des orthodoxen Lagers – *Gojim* in nah und fern, die man als gefährliche Feinde betrachtet, die Stirn bieten. Da in der biblischen Überlieferung die sieben Völker Kanaans und die Amalekiter als Erzfeinde des Volkes Israel gelten, die man bis zur Ausrottung zu bekämpfen hat, ist es leicht, diese Einstellung auf »die Palästinenser« oder allgemein auf »die Araber« zu übertragen. Wohlgemerkt: Es gibt auch religiöse, orthodoxe Juden, die eine solche Position aus religiösen Gründen ablehnen. Aber sie sind eine kleine, nichtaggressive Randgruppe – Kampfbereitschaft und Aufgeschlossenheit scheinen sich auch in diesem Fall gegenseitig auszuschließen. Entscheidend ist also die Haltung der beiden oben erwähnten Sektoren, die auch in der Politik tonangebend sind.

Orthodoxe Politiker bemühten sich in den letzen Jahren immer radikaler, das Staatsgesetz im Sinne der Vorschriften der Orthodoxie zu beeinflussen und das Alltagsleben der Mehrheit zu regeln. Die Bestimmungen gegen den Verkauf von nichtkoscheren Nahrungsmitteln für das Pessach-Fest während der Festwoche wurden verschärft und sollen in Zukunft noch strikter durchgesetzt werden. Restaurants werden mit Strafen belegt, wenn sie am Fastentag des Neunten Av, an dem man der Zerstörung des Jerusalemer Tempels durch die babylonische Armee im Jahre 587 v.d.Z. und durch römische Truppen im Jahre 70 n.d.Z. gedenkt, nicht schließen. In Jerusalem demonstrieren neuerdings Ultraorthodoxe gegen die Öffnung von Parkhäusern für die zahlreichen Besucher der Stadt am Schabbat oder gegen die Beschäftigung von Juden am Schabbat durch eine hier ansässige High-Tech-Firma. Der Kampf der Ultraorthodoxen gegen das Auftreten von Homosexuellen und Lesben auf der Gay Pride Parade in Jerusalem am Christopher Street Day wurde in den letzten Jahren nicht nur lauter und aggressiver, sondern auch gewalttätiger. 2009 verzeichnete die Polizei zudem eine Rekordzahl der von Ultraorthodoxen verübten Angriffe gegen christliche Einrichtungen oder Geistliche in Jerusalem. Hartnäckig wollen Ultraorthodoxe auch die Trennung zwischen Frauen und Männern in öffentlichen Verkehrsmitteln durchsetzen, selbst wenn die Autobusse nicht nur der ultraorthodoxen Gemeinschaft ihre Dienstleistung anbieten. Mit all diesen Methoden soll angeblich der jüdische Charakter des Judenstaates stärker zum Ausdruck gebracht werden. Sogar das Oberste Gericht, der Beschützer der Menschenrechte und Verteidiger des Prinzips der bürgerlichen Gleichheit, geht behutsam mit dieser Gruppe (wie auch mit den Rechtsradikalen) um, um nicht zum kontraproduktiven Effekt seiner eigenen Delegitimierung beizutragen. Denn beiden Gruppen ist er ein Dorn im Auge.

Auch durch die Religionisierung der Gesellschaft verschwindet die Grenze zwischen Kernland und besetzten Gebieten. (Auf die Beziehung der Ultraorthodoxie zur Siedlungspolitik kommen wir im Abschnitt »Die Siedler« zu sprechen.) Orthodoxe und ultraorthodoxe Rabbiner melden sich immer wieder zu Wort, wenn es um die Frage des »Verzichts« auf besetzte Gebiete geht. Die Meinung dieser Rabbiner können die Besucher der Synagogen am Schabbat auch im Kernland Israel in der dort ausliegenden Wochenzeitung »Unser Land Israel« lesen. Nicht alle sind so extrem wie der Vorsitzende der Rabbiner für Erez Israel, der Rabbiner der Stadt Hebron, Gad Lior, aber viele sind der Meinung, dass die Aufgabe eines Teils von Erez Israel nicht nur ein politischer Fehler sei, sondern ein Verstoß gegen das göttliche Gesetz. Rabbiner kritisieren deshalb sogar die »heilige Kuh« der israelischen Gesellschaft – das Militär: Erkenne das Militär das Prinzip »Ganz-Israel« nicht an – wie im Falle des Rückzugs aus dem Gazastreifen 2005 –, betreibe es Verrat am jüdischen Charakter des Staates. Ein Thema, auf das wir später ebenso zurückkommen werden wie auf den Versuch des Obermilitärrabbiners, den Soldaten religiöse Inhalte anzubieten bzw. sie einer religiösen Gehirnwäsche zu unterziehen.

Die ablehnende Haltung *Gojim* gegenüber kommt auch in einem anderen Zusammenhang zum Ausdruck: Da Israel seit den Osloer Verträgen nur begrenzt und seit Beginn der El-Aksa-Intifada kaum noch Arbeitskräfte aus den besetzten Gebieten in das Kernland hineinlässt, aber eine ausbeuterische, neoliberale Wirtschaftspolitik betreibt und billige Arbeitskräfte benötigt, wurden Gastarbeiter aus Osteuropa, Asien und Afrika ins Land geholt. Viele von ihnen werden hier praktisch wie Sklaven behandelt, sind aber im Laufe der Jahre zum Bestandteil der israelischen Gesellschaft geworden. Während Menschenrechtler gegen das oft unmenschliche Vorgehen gegen diese »Fremdarbeiter« aus verständlichen Gründen protestieren, wittern orthodoxe Politiker eine Gefahr für den jüdischen Charakter des Staates. Sie warnen vor sogenannten

Mischehen und insbesondere vor einer Integration der Kinder dieser Fremdarbeiter in Schulen und Gesellschaft überhaupt.

Die religiösen Träger einer Trutzburg-Mentalität sind keine Befürworter der offenen Gesellschaft. Als in den letzten Jahren immer mehr Asylbewerber, vor allem aus dem Sudan, über die ägyptische Grenze nach Israel kamen, fühlte sich der ultraorthodoxe Innenminister Eli Yishai zum Eingreifen aufgefordert: Er schrieb der Bekämpfung dieses Vordringens von Asylanten und Fremdarbeitern eine hohe Priorität zu, nicht aus wirtschaftlichen Gründen, sondern weil er sein Verständnis – und das Verständnis seines Patrons Rabbi Ovadia Yo-seph – vom jüdischen Staat durchsetzen will. Eine Einwanderungspolizei wurde ins Leben gerufen, die Menschenjagd betreibt und sich auch nicht scheut, Kinder direkt aus den Schulklassen zu holen, um sie mit ihren Eltern ausweisen zu können. Unterstützt wird dieser ultraorthodoxe Minister von Jakob Katz, dem nationalreligiösen Vorsitzenden des Knesset-Ausschusses für die Angelegenheiten der Fremdarbeiter. Katz ist nicht nur Mitglied der rechtsradikalen Partei »Nationale Front«, sondern einer der wichtigsten Aktivisten in der Siedlerbewegung. Vielsagend war in diesem Zusammenhang denn auch die zynische Bemerkung des Abgeordneten Katz: Wenn Tel Aviv und Umgebung von zu vielen asylsuchenden Sudanesen überflutet werden, werden die Tel Aviver in die Siedlungen umziehen; ein Gewinn für die Siedlungen. Auf die ironische Rückfrage eines Journalisten, ob man stattdessen nicht gleich die Asylanten direkt in die Siedlungen schicken sollte, antwortete der Abgeordnete kurz: Wir wollen keine Gojim in den Siedlungen. Katz will auch keine afrikanischen Flüchtlinge in Israels Städten. Deshalb schlug er im März 2010 vor, für sie eine neue Stadt in der Wüste im Süden Israels zu gründen, wo sie schwere Arbeit leisten sollen. Sonst, sagte er dem Sender Kanal 7, sei das gesamte zionistische Unterfangen – das 100-jährige Gedeihen einer jüdischen Gesellschaft in Israel – gefährdet.

Ministerpräsident Netanyahu ist nicht orthodox religiös. Aber ihm kommt diese Haltung der Ultraorthodoxen und des Ministers Yishai sehr entgegen. Erklärte Netanyahu doch erst jüngst seine Absicht, einen Abwehrzaun entlang der ägyptischen Grenze zu errichten, um illegal Arbeitsuchenden – also auch Asylanten – den Weg zu versperren. Netanyahus Argument lautete dabei, er wolle den jüdischen Charakter des Staates retten. Sogar in diesem Bereich also verwandelt man aus religiösen Wurzeln sprießende Ängste in eine Politik, die die Trutzburg-Mentalität in Israel weiter untermauert.

Die Araber-Hasser

Vom Außenministerium und von einer Akademie erwartet man in der Regel Bemühungen um die Entschärfung von Konflikten. Ein Außenministerium hat gute Beziehungen zu anderen Staaten zu pflegen, während sich die Akademie meist als Verkünderin von Wissenschaft und Aufklärung versteht, durch die Hass und Vorurteile abgebaut und überwunden werden können. In Israel bemühen sich in jüngster Zeit beide Institutionen eher um das Schüren von Hass auf die arabische Welt. Frieden mit den Arabern wird in ihren Reihen entweder als pure Illusion oder gar als Albtraum betrachtet.

Die Regierung Benjamin Netanyahus ist auch für israelische Verhältnisse keine normale rechtsorientierte Regierung. Mit Avigdor Lieberman als Außenminister ist sie einmalig in der Geschichte dieses Staates. Der Mann, der Israel nach außen zu vertreten hat, hält die Bemühungen um Frieden mit den Palästinensern prinzipiell für aussichtslos und irrelevant. Lieberman, der als Kind aus dem von der Sowjetunion einverleibten Moldawien nach Israel gekommen ist, hat eine feste Meinung über Araber, Muslime, Palästinenser, jüdischen Stolz und Macht. Als er 2006 noch in der parlamentarischen Opposition war, drohte er arabischen Knesset-Abgeordneten, die mit der Hamas Kontakt aufgenommen hatten, mit der Todesstrafe: Genauso wie seinerzeit in Nürnberg nicht nur die Täter, sondern auch die Kollaborateure erhängt worden seien, sagte er, solle auch mit den Kollaborateuren in der israelischen Knesset umgegangen werden. Lange Zeit war Lieberman für die »Transfer«-Lösung und in derselben Knesset-Fraktion wie die Transfer-Partei, bevor er auf die Idee kam, israelische Araber zusammen mit ihren Ortschaften an den Staat Palästina abtreten zu wollen, um Israel so als jüdischen Staat zu wahren – allerdings nicht ohne territoriale Entschädigung, denn von Siedlern bewohnte palästinensische Gebiete sollten Israel zugeschlagen werden. Liebermans Stellvertreter Dani Ayalon hat diesen Vorschlag im Februar 2010 öffentlich wiederholt und zeigte sich von der Reaktion des Abgeordneten Ahmed Tibi, der ihm Mangel an Demokratie-Verständnis vorwarf, unberührt. Für Lieberman, der selbst in einer Siedlung lebt, und für seine Anhänger sind Araber einfach Lügner und deswegen keine Partner für eventuelle Friedensgespräche.

Der bereits bestehende Frieden mit einem arabischen Staat wie Ägypten ist für den derzeitigen israelischen Außenminister ebenfalls eine Farce. Lieberman griff zu einer extrem undiplomatischen Sprache, als er kurz vor den Wahlen am 29. Oktober 2008 während einer Gedenkstunde zum siebenten Jahrestag des Attentats auf seinen Parteifreund, den

»Transfer«-Politiker und General Rehavam Ze'evi, Ägyptens Präsidenten Mubarak beschimpfte – wenn er nicht nach Israel zu Besuch käme, solle er sich, so wörtlich, »verkrümeln«. Die Logik hinter diesem Angriff erklärte Lieberman in derselben Rede: Frieden ist die Folge von Sicherheit und nicht umgekehrt. Wenn wir – Israel – stark und entschlossen bleiben, wird man uns respektieren, werden alle mit uns in Frieden leben wollen. Wenn wir zaudern, stottern, kriechen, werden uns alle an die Wand drücken. Überhaupt neigt Lieberman dazu, die Haltung Israels gegenüber Arabern, aber auch gegenüber anderen »Gojim« als Kriecherei zu bezeichnen. Als Immigrant stützt er sich in seiner Bildersprache noch stärker als eingeborene Israelis auf die Dichotomie von Kriecherei und aufrechter Haltung, Untertänigkeit und Stolz. Sympathie für Palästinenser oder Araber ist Grund genug, um von Lieberman gescholten zu werden. Die Anweisung des Ministers zum Neujahr 2010 an die israelischen Botschafter im Ausland, vor allem in Europa, lautete: Mit der kriecherischen Haltung gegenüber Politikern und öffentlicher Meinung in den Ländern, in denen die israelischen Botschafter akkreditiert sind, soll Schluss gemacht werden. Der Versuch, Irans nukleare Absichten mit Hilfe von Diplomatie zu zügeln, gilt Lieberman als Feigheit. Er zieht eine Bombardierung des Irans vor. Lieberman hat schon 2001 den Ägyptern einen Bruch des Friedensvertrags vorgeworfen und dafür die Bombardierung des Assuan-Staudamms in Ägypten in Aussicht gestellt.

Wäre Lieberman ein isolierter Exzentriker, dann wäre dies alles eher komisch. Doch die Partei Liebermans – »Israel, unsere Heimat« – hat in der Knesset fünfzehn Sitze, ist also die drittstärkste Partei, hat mittlerweile mehr Sitze als die Arbeitspartei und blockiert bis auf weiteres die parlamentarische Unterstützung für die Wiederbelebung des Friedensprozesses. Dani Ayalon, stellvertretender Außenminister und Liebermans Parteifreund, der früher Botschafter in den USA war, lässt überall verlauten, dass nur die Palästinenser, nicht aber Israel den Friedensprozess stören; denn die Palästinenser bestehen bekanntlich auf ihrem Recht, einen Staat in den Grenzen von 1967 zu gründen, und beziehen sich auf Entscheidungen der Vereinten Nationen, die Ayalon und sein Chef für illegitim halten.

Liebermans Vize Ayalon hat auch dessen Vorstellung vom aufrichtigen Gang Israels ad absurdum geführt. Auf eine kritische Bemerkung des türkischen Ministerpräsidenten Erduan gegenüber Israel reagierend, lud Ayalon den türkischen Botschafter vor, um ihm die Leviten zu lesen. Wohlgemerkt: Die Türkei ist eine muslimische regionale Macht, die zu Israel gute Beziehungen pflegt. Um der Rüge Nachdruck zu verleihen, ließ Ayalon den türkischen Botschafter auf einen niedrigen Stuhl platzieren und lud die Presse ein, damit sie die Szene dokumentiert. Die entrüstete Reaktion der Türken konnte er mit Genugtuung als weiteren Beweis für die bekannte These anführen: Alle Welt ist gegen uns.

Wie bereits dargelegt, ist eine antiarabische Haltung auch unter Rabbinern und jüdischen Geistlichen keine Seltenheit. Das gesamte Siedlungsunternehmen beruht ja auf den Anweisungen und der Unterstützung von Rabbinern, die Friedensverhandlungen mit den Palästinensern und den Verzicht auf Teile des »Landes der Väter« für eine Sünde halten und beides entsprechend bekämpfen. Man muss jedoch nicht unbedingt Rabbiner sein, um die Bibel als Programm des Hasses auf Araber zu instrumentalisieren. Rechtsorientierte Zeitungen, Radiosender, Internet-Blogs und andere Multiplikatoren verbreiten kontinuierlich entsprechende Hasstiraden. Ein Beispiel:

Der junge Kommentator des rechtsradikalen Radiokanals Sieben kommentierte im Rundfunk Kapitel aus dem Pentateuch, die am Schabbat in der Synagoge gelesen werden. Es handelte sich um die Erzählung von Abraham, der seinen Sohn Ismael in die Wüste schickt, aus dem Buche Genesis. Da im religiösen Sprachgebrauch der Name Ismael synonym für Araber gebraucht wird, entsteht eine Verbindung zwischen Bibel und Politik: »Die absolute göttliche Wahrheit zwingt zur Ausweisung Ismaels.« Die Begründung: Alle sind gleich – Fatah, Dschihad, Hamas, Hisbollah, Taliban, Iran. Die »netten« Araber verheimlichen ihre wahre Absichten nur. Deshalb befindet sich Israel in einem radikale Lösungen erfordernden Existenzkampf. Das jedenfalls liest der Rundfunkkommentator in das Buch Genesis hinein.

Paradox ist der Umstand, dass Wissenschaftler dieser Haltung Nachdruck verleihen. Natürlich sind nicht alle Rabbiner radikale Nationalisten, und die aktiven Verfechter der rechtsradikalen Politik unter den Akademikern sind gewiss nicht in der Mehrheit unter den ohnehin politisch wenig aktiven Professoren in Israel. Und doch sind Akademiker eine wichtige Schützenhilfe für diejenigen, die die Angst vor dem Frieden verbreiten.

1988, also in dem Jahr, in dem die PLO die Zwei-Staaten-Lösung akzeptierte, wurde die Bewegung *Professors for strong Israel* – »Professoren für ein starkes Israel« – ins Leben gerufen. Jeder, der einen Doktortitel erworben hat, darf der Organisation beitreten. Die Gruppe führt nicht nur eine Hass-Kampagne gegen ihre »postzionistischen« und linken Kollegen, sondern interveniert bei jedem Streit um »Ganz-Israel«. Egal ob zur Intifada oder zur Räumung von arabischen Häusern in

Jerusalem, die selbstverständlich befürwortet wird – die hier versammelten Akademiker verfolgen einen konsequent antipalästinensischen und auch gegen den Oslo-Prozess gerichteten Kurs. Angeführt wird die Bewegung nicht nur von obskuren Professoren. Der Mathematiker Israel Aumann ist Nobelpreisträger (keine Garantie gegen rechtsgerichtete Blindheit – wie aus der deutschen Geschichte bekannt ist). Eine andere führende Person der Gruppe ist der derzeitige Finanzminister aus Netanyahus Likud-Partei und frühere Vorsitzende des Knesset-Ausschusses für Sicherheit, Dr. Yuval Steinitz. Steinitz schenkt weder Ägyptern noch Palästinensern Glauben. 1999 veröffentlichte er einen Aufsatz unter dem Titel »Wenn das palästinensische Militär das Herz Israels überfällt«, ein typisches Horrorszenario aus der Schule der Angstmacher.

Wichtiger aber ist die Schützenhilfe der Professoren aus den Bereichen der Islamwissenschaft, der Geschichte oder der Politologie. Ihre Meinung gilt als neutral, wissenschaftlich und unumstritten. Der Islamwissenschaftler Moshe Sharon, eigentlich ein sympathischer Charakter, hat in der Internet-Zeitung der nationalistischen *Betar-Bewegung* im Dezember 2003 den Artikel »Was ist Islam« publiziert, in dem er die drei monotheistischen Religionen vergleicht und ihre für den Nahostkonflikt, aber auch für den globalen Kampf der Zivilisationen relevanten Elemente beschreibt: Frieden könne es demnach für Muslime nur zwischen Muslimen geben, mit Andersgläubigen könnten Muslime nur einen Waffenstillstand schließen. Es habe fünfzig Jahre gedauert, so meint Sharon in dieser Publikation weiter, bis wir Israelis verstanden hätten, dass man mit Muslimen nicht über Frieden reden kann: »Wo es Islam gibt, gibt es Krieg.« Und die aktuelle Schlussfolgerung lautet entsprechend: »Israel darf nicht auf das Ende des Totentanzes hoffen.« Auch wenn der Gelehrte die Quellentexte vielleicht besser kennen mag als der Laie, legt er die Haltung von Muslimen so aus, als wären Geschichte, Tradition, Auslegung und Hermeneutik irrelevant. Doch für diejenigen, die Angst vor dem Frieden predigen, die axiomatisch argumentieren, dienen solche Expertisen dazu, den Friedensprozess zu diskreditieren und die Friedensbewegten lächerlich zu machen.

Jeder Kenner der Geschichte des Antisemitismus wird zugeben, dass sich der Schwerpunkt der antisemitischen Propaganda seit längerem von Europa oder der christlichen Welt auf die arabische bzw. muslimische Gesellschaft verlagert hat. *In* Europa selbst kommt der Antisemitismus gegenwärtig deutlich bei der arabischen bzw. muslimischen Minderheit zum Ausdruck. Die meisten Europäer haben seit 1945 dazugelernt und distanzieren sich heute weitgehend vom Antisemitismus. (Bei etwa einem Fünftel der Westeuropäer spielen allerdings antisemitische Vorurteile noch eine Rolle.) Die arabische Welt hingegen geriet in Konflikt mit dem Judenstaat, wobei sie von den Christen oder Europäern auch antisemitische Argumente, Stereotype und Vorurteile als Instrument der Bekämpfung des Zionismus akzentuiert bzw. kopiert. (Da der Begriff Antisemitismus von Anfang an nur gegen Juden gerichtet war, erübrigt sich die Debatte über Semiten allgemein bzw. über die Frage, ob Araber als Semiten Antisemiten sein können.) Das erklärt auch die große Zahl von Karikaturen, Dokumentationen oder Fernsehserien mit antisemitischen Inhalten in der arabischen Welt, die die Israelis hellhörig machen. Doch einige Islam- oder Antisemitismusforscher gehen einen entscheidenden Schritt weiter: Sie stellen die arabische Welt und den Islam als ewig antisemitische Kräfte dar, spannen den Bogen deterministisch von Hitlers Alliiertem Haj Amin bis zu Yasser Arafat oder Hamas und geben zu verstehen, dass auch aus diesem Grund Frieden mit Arabern oder Muslimen eine reine Illusion sei. Man kann sich auf ausländische Historiker wie Bernard Lewis, Jeffrey Herf oder neuerdings Matthias Künzel beziehen – die relevanten Werke sind selbstverständlich ins Hebräische übersetzt –, aber die Werke und Vorträge von israelischen Historikern wie Robert Wistrich orientieren noch stärker auf diesen destruktiven Schluss. Im öffentlichen Raum werden ihre Stimmen eher beachtet als die Verlautbarungen der vermeintlichen Optimisten, die nicht automatisch Islam mit Dschihad, Araber mit Fundamentalisten und Kritik an Israel mit Antisemitismus identifizieren.

Es gibt Institute oder Organisationen, die das Rohmaterial für derartige Meinungen zur Verfügung stellen. Das MEMRI (*Middle East Media Research Institute*) hat vielleicht eine ganz andere, vielleicht durchaus positive Absicht, denn es übersetzt, präsentiert und wertet Informationen aus der islamischen bzw. arabische Presse und Literatur aus, die man sonst nicht zur Kenntnis nehmen könnte, nach dem Motto: »Die Nachbarn besser kennenlernen, um Frieden zu machen«. Was aber dabei herauskommt, ist ein Katalog von Zitaten, die den Leser einfach davon überzeugen müssen, dass alle Araber – bis auf wenige kritische Geister – Antisemiten sind und jedenfalls mit Israel niemals einen Frieden eingehen werden. Diese Informationen können auf dem Hintergrund des ohnehin in Israel verbreiteten Vorurteils vom hinterhältigen, zum Dolchstoß bereiten Arabers nur auf eine Art interpretiert werden. Und wieder kommt man zu dem Schluss: Wenn alles Reden über Frieden nur Betrug ist – weil die Araber Lügner und die Linken Verräter sind –, sollte man eher vor dem (vermeintlichen) Frieden Angst haben.

Die Siedler

Wenn es eine Gruppe gibt, die man als den Stolperstein schlechthin auf dem Weg zum Frieden, als Erpresser und Geiselnehmer der israelischen Mehrheit bezeichnen kann, so sind dies die organisierten Siedler, die sich in den von Israel besetzten Gebieten seit 1968, also kurz nach Ende des Sechstagekrieges, niedergelassen haben. Dabei darf der Unterschied zwischen »ideologischen« und »pragmatischen«, »Lebensqualität suchenden« Siedlern nicht unbeachtet bleiben. Die eigentliche Erpressergruppe, die die gesamte israelische Bevölkerung gezielt in Schach hält, ist die Gruppe der »ideologischen«, meist religiös motivierten Siedler. Diese ist die Gruppe, die den wahren Postzionismus am ehesten vertritt. Sie identifiziert Zionismus mit dem Siedlungsunternehmen, vor allem in der Westbank, und stützt sich dabei auf eine fundamentalistische Auslegung der jüdischen Religion.

Dennoch ist der Sektor, der gegen Ende 2009 wohl auf mehr als 300 000 Personen angewachsen ist (die Angaben für den 31. Dezember 2008 liegen bei 290 000), ein faktischer Widerspruch zum Friedensprozess. Zwar verweisen Siedler und rechtsorientierte Israelis darauf, dass es auch vor 1967, vor der Besetzung des Westjordanlandes durch Israel und dem Beginn des Siedlungsunternehmens, Feindschaft zwischen Israelis und Arabern bzw. Palästinensern gegeben hatte, die dem Frieden keine Chance ließ. Doch dieses Argument hinkt: Die Zeiten haben sich geändert, die Palästinenser sind heute, offiziell seit 1988, bereit, im eigenen Staat *neben* Israel zu leben. 58 Prozent der Palästinenser, so das Ergebnis einer Umfrage eines Demoskopie-Instituts in Ramalla (PSR) im Jahr 2008, befürworten die Zwei-Staaten-Lösung (nur 27 Prozent plädieren für einen multinationalen Staat). Es sind also vornehmlich die Siedlungen und die israelische Siedlungspolitik, die sich als höchste Hürde auf dem Weg zum Frieden erweisen. Aus Sicht der Siedler ist das an und für sich kein schwerwiegendes Problem, denn in ihren Kreisen glaubt man ja axiomatisch nicht an eine Friedensbereitschaft der palästinensischen oder arabischen Seite. Mehr noch: Man möchte die Palästinenser ohnehin prinzipiell »loswerden«. Und die Siedler wissen: Das politische System in Israel ist zu unsicher im Umgang mit ihnen. Die vergangenen Jahre haben das immer wieder deutlich demonstriert.

Der Siegeszug der Siedler wird zudem dadurch erleichtert, dass die Mehrheit der Israelis die Siedlungen und die Verhältnisse in den besetzten Gebieten nur abstrakt und aus der Distanz wahrnimmt. Etwa drei Viertel der Israelis gaben im Juli 2008 an, dass sie während der vorangegangenen fünf Jahre keine Siedlung im Westjordanland besucht haben. Als 2005 die Gemüter wegen des bevorstehenden Rückzugs aus dem Gazastreifen besonders erhitzt waren, stellte sich sogar heraus, dass 87 Prozent aller Israelis niemals eine Siedlung im Gazagebiet besucht haben. Vielleicht unterstützten vor allem deshalb zwei Drittel der Israelis diesen Rückzug – und nicht nur, weil der Hardliner Ariel Sharon den Schritt initiiert hatte. Daraus haben die Siedler die Schlussfolgerung gezogen, man müsse, wenn die Gehirnwäsche der Fernsehzuschauer nicht ausreiche, die erpressbare Mehrheit terrorisieren, um die Politik davon abzuhalten, in Zukunft Ähnliches zu unternehmen. Die gewalttätige Reaktion auf die Räumung des »Außenpostens« Amona in der Wüste südlich von Jerusalem im Februar 2006 oder auf den von Netanyahu Ende 2009 auf Druck des Quartetts halbherzig verordneten Baustopp in den Gebieten zeigte, wie weit die Siedler sich trauen, gegen die staatliche Macht vorzugehen, und wie erpressbar die Mehrheit der Israelis ist, auch wenn sie sich für das Schicksal der Siedler nicht sonderlich interessiert.

Die Geschichte der Siedlungen in den palästinensischen Gebieten, aber auch auf den syrischen Golan-Höhen ist ein typischer Fall der Geschichte vom Zauberlehrling: Als die ersten Siedlungen gegründet wurden, zum Teil als Wiederherstellung von nach 1948 im von Jordanien verwalteten Gebiet zerstörten jüdischen Ortschaften unweit von Jerusalem (Gush Ezion), zum Teil aus Sicherheitsgründen entlang des Jordan-Tals (Alon-Plan), glaubte die Regierung – wohlgemerkt: eine Regierung der Arbeitspartei – nicht an »Ganz-Israel« als Ziel. Eher erwartete man, dass die arabische Welt und insbesondere Palästinenser, Jordanier und Ägypter diese Gründungen als Warnung verstehen und deswegen in Verhandlungen mit Israel eintreten würden. Da aber auf dem rechten Flügel in Israel, vor allem bei den nationalreligiösen Kräften, das Konzept »Ganz-Israel« keineswegs als bloße Taktik rezipiert wurde, wuchs der Druck auf die Regierung. Die Geister die man gerufen hatte, wurde man nun nicht wieder los.

Die kurz nach dem Yom-Kippur-Krieg im Januar 1974 gegründete Gruppe *Gush Emunim* stellte die Regierung wiederholt vor vollendete Tatsachen. Die israelische Linke, aus historischen Gründen nicht völlig gegen den Traum von

»Groß-Israel«, von »Ganz-Israel« oder zumindest gegen eine angebliche Pionier-Ideologie immun, gab so lange nach, bis die Regierung der Arbeitspartei im Jahr 1977 von einer Likud-Regierung abgelöst wurde und alle diesbezüglichen Dämme brachen. Der Siedlungsbau war nun keine Taktik mehr, dahinter stand die strategische Absicht, das Westjordanland bzw. die Golan-Höhen zu annektieren und die Palästinenser zu verdrängen. Nicht nur die Siedler selbst, nicht nur die sich immer stärker ausbreitende rechte Szene, sondern die jüdisch-israelische Bevölkerung insgesamt hielt das Recht auf »Ganz-Israel« und somit das Recht, überall im Land Siedlungen zu bauen, für selbstverständlich. Der Streit geht seither letztlich nur darum, ob man um des Friedens willen, das heißt zugunsten eines Waffenstillstands und regionaler Ruhe, also aus taktischen Gründen, auf Teile des Gebietes nicht doch besser verzichten sollte.

Die israelische Politik und die politische Rechte – egal ob unter Netanyahu, Sharon oder Olmert – scheuen eine offene Konfrontation mit den Vereinigten Staaten, »dem besten Freund Israels«. Da sich die USA schon seit 1967, mit Nachdruck aber erst seit 1993, offiziell und konsequent gegen die Siedlungspolitik aussprechen, gibt jede israelische Regierung angeblich nach, versucht jedoch mit List, den Druck von außen abzublocken. Man gründet keine neue Siedlungen, dafür dehnen sich bereits existierende aus. Man schafft »Außenposten« oder »Stützpunkte«, um den Begriff »Siedlung« zu umgehen. Nicht nur die Clinton-Administration, sondern sogar George W. Bushs Regierung bestand auf einem Baustopp der Siedlungen und war über den schleichend stattfindenden Siedlungsprozess zunehmend ungehalten. Sowohl die amerikanische Regierung als auch die israelische Friedensgruppe *Peace Now* sammeln systematisch Daten über Ausdehnung und Ausbau der Siedlungen. Doch zu einer praktischen Gegenmaßnahme führte diese Arbeit nur 2003, als die Bush-Regierung die Summe der israelischen Investitionen in den Siedlungen von der jährlichen finanziellen Zuwendung der USA (etwa eine Milliarde Dollar) an Israel konsequent abzog. Die Erpresser, die Siedler und Siedlungen selbst, hat das nicht tangiert, während die erpresste Mehrheit der israelischen Bevölkerung als die Geisel bereit ist, diesen Preis – wenn er denn überhaupt als solcher wahrgenommen wird – und einen hohen Preis für den Zustand des Unfriedens für die innerisraelische Ruhe zu bezahlen. Im Jahr hat 2005 musste sogar Ariel Sharon dem Druck von außen und innen nachgeben und eine Kommission bilden, die sich mit den »Außenposten« befasst. Diese Kommission, mit Anwältin Talia Sasson als Vorsitzender, zog eine verheerende Bilanz: Dass die etwa 105 »Außenposten« entstehen und gedeihen konnten, ist nicht nur der kriminellen Energie der fanatischen Siedler zu verdanken, sondern vornehmlich den Behörden und Ministerien (Verteidigungs- und Wohnungsbaubauministerium an erster Stelle), die das Unternehmen unterstützten und eine gesetzwidrige Handlungsweise zuließen oder gar initiierten. Doch der Bericht wurde ad acta gelegt, und die »Außenposten«, obwohl zum Teil auf privatem palästinensischem, das heißt gestohlenem Boden gegründet, dehnten sich bis auf wenige weiter aus.

Ironie und Zynismus ließen sich noch steigern: Die Bauarbeiter in den Siedlungen sind meist Palästinenser; denn in einer armen Gesellschaft, in der eine Arbeitslosenquote von nahezu 50 Prozent herrscht, kann sich der kleine Mann keine Prinzipienreiterei leisten. Seit die El-Aksa-Intifada zu äußerst effektiven Repressalien durch Israel führte, nämlich zum nahezu totalen Arbeitsverbot für Palästinenser im Kernland Israel, ist für sie eine Tätigkeit in den jüdischen Siedlungen auf der palästinensischen Seite der Mauer oft eine der wenigen Möglichkeiten, den eigenen Lebensunterhalt zu verdienen. So trifft die Entscheidung über den Baustopp in den Siedlungen die Palästinenser mehr als die Israelis. Die palästinensische Parole der Rechtfertigung »Später werden wir selbst einmal diese Häuser bewohnen« ist ein schwacher Trost, weil sie einfach unrealistisch ist.

Das Osloer Abkommen von 1993 kam nicht nur wegen der globalen Lage nach Ende des Kalten Krieges zustande, sondern auch, weil die PLO sehr nüchtern einschätzte, dass die Siedlungen mit damals etwa 150000 Siedlern Tatsachen vor Ort schaffen, die bald nicht mehr rückgängig gemacht werden können. Der Ausbruch der Intifada im Jahr 2000 war ein Ausdruck der Frustration darüber, dass die palästinensische Bereitschaft, seit 1993 in Friedensverhandlungen einzutreten, den Siedlungsbau nicht bremsen konnte. Eher umgekehrt – die Zahl der Siedler wuchs ständig, und diese Tendenz war trotz El-Aksa-Intifada nicht mehr aufzuhalten. Da sich der palästinensische Terror während der Intifada vornehmlich gegen das Kernland Israel richtete, schien das Leben in den Siedlungen keine besonderen Sicherheitsrisiken mit sich zu bringen, und sie blieben für Interessenten aus der »Lebensqualitätskategorie« weiterhin attraktiv.

Heute, also Anfang 2010, leben mehr als 4 Prozent der Israelis in Siedlungen. Nur etwa ein Prozent der Siedler kann als fanatisch und gewaltbereit gelten, aber nahezu 40 Prozent werden als ideologisch motiviert eingestuft. Die Mehrheit der nichtideologischen Siedler, nahezu 90000 Personen, gehört zu den Pragmatikern, zu den »Lebensqualitätssiedlern«; es sind Israelis, die für wenig Geld und viel staatliche Unterstützung eine größere Wohnung in einer gesünderen Umgebung auf dem Land, eine bessere Erziehung für die Kinder und ähnliche Vergünstigungen suchen und erhalten sowie zusätzliche Steuerermäßigungen genießen.

Die Gruppe der ultraorthodoxen Siedler ist etwa ebenso groß wie die der »Pragmatiker«. Relativ mittellos, weil sich die meisten Männer lebenslang dem (vom Staat oder privaten Stiftungen subventionierten) Studium der heiligen Schriften widmen (»Die Thora sei ihre Arbeit«) und es den Frauen bzw. der Gesellschaft überlassen, für den Unterhalt der Familie zu sorgen, ziehen sie in die besetzten Gebiete, wo sie eine subventionierte billige Wohnung finden. Während es im Kernland Israel außer der Stadt Bnei-Brak keine rein ultraorthodoxen Ortschaften gibt, sind die größten Siedlungen – Modi'in Illit mit 42000 und Betar Illit mit 35000 Einwohnern – ultraorthodox. Zum Vergleich: Die großen Siedlungsvororte (nicht ultraorthodox) von Jerusalem wie Ma'ale Adumim und Givat Ze'ev haben 34000 bzw. 11000 Einwohner; in Ariel, der größten Siedlerstadt in der Nähe von Tel Aviv, leben 17000 Menschen. Die Ultraorthodoxen waren, wie bereits erwähnt, traditionell nicht nur gegen eine nationalistische Politik, sondern sogar antizionistisch eingestellt, das heißt, sie haben den Staat Israel nicht anerkannt und als Ketzerstaat verachtet. Zu diesem paradoxen Wandel von Einstellung und Praxis trugen mehrere Faktoren bei: Im Zuge der Wende der Staatsideologie zum eigentlichen Postzionismus bildete sich eine neue Gruppe von orientalischen (sephardischen) Ultraorthodoxen heraus, die die antizionistische Tradition ihrer osteuropäischen

Brüder übernahm, während der Staat und die Gesellschaft in ihrem Fundament immer religiöser wurden. Die sich schneller als der Durchschnitt vermehrende ultraorthodoxe Gruppe, die sich keine Wohnungen zum normalen Marktpreis in den Städten Israels leisten kann, begrüßt selbstverständlich die Möglichkeit, eine vom Staat subventionierte Unterkunft zu erhalten. Die ultraorthodoxen Parteien im Parlament sind also hartnäckige Verfechter der Siedlungspolitik geworden, teils aus ideologischen und religiösen Gründen, teils aber auch aus Opportunismus.

Aus offizieller israelischer Sicht ist Groß-Jerusalem die ewige Hauptstadt Israels, weshalb die Bewohner jüdischer Vororte von Ost-Jerusalem, also im früher (1948–1967) von Jordanien beherrschten Gebiet, nicht als Siedler gelten. Doch in Jerusalem wird die enge Zusammenarbeit zwischen orthodoxen, nationalreligiösen und säkularen rechtsorientierten Juden bei der Durchsetzung einer aggressiven Siedlungspolitik besonders deutlich. Mehrere Tausend israelische Juden bevölkern neue Vororte wie Gilo, Pisgat Zeev oder Har Choma (Mauerberg), meist sogar ohne die Tatsache wahrzunehmen, dass diese Vororte nicht einmal in den Grenzen Groß-Jerusalems von 1948, dem Jahr der Teilung der Stadt, liegen, also theoretisch ganz »normale« Siedlungen sind, die per Dekret in das Jerusalemer Stadtgebiet eingemeindet und zu neuen Stadtbezirken »aufgewertet« wurden, um die arabischen Teile einzukreisen.

Die Siedlungsmentalität hat sich auch auf den Kern der Stadt, die Altstadt, ausgewirkt. Nach dem Sechstagekrieg von 1967 wurde das jüdische Viertel, das nach dem Krieg 1948 von Jordanien weitgehend zerstört wurde, rekonstruiert und mit Juden besiedelt – gewiss eine gerechte Maßnahme, wenn man es den Palästinensern ermöglicht hätte, ebenfalls Ortschaften zu besiedeln, und ihnen Häuser erstattet hätte, aus denen sie während des Krieges von 1948 geflohen oder vertrieben worden waren. Mit der Zeit wurde das jüdische Viertel in der Altstadt zunehmend für Ultraorthodoxe attraktiv, ganz ähnlich wie der neue Vorort Ramot unweit von Mea Shearim, der Hochburg der Ultraorthodoxie, in den alten Stadtgrenzen. Es geht also für die Ultraorthodoxen in der Altstadt nicht nur um die Klagemauer als Heiligtum, es geht auch um das jüdische Viertel als Siedlungsgebiet. Hinzu kommt die hemmungslose Vertreibungspolitik der äußerst militanten Siedlervereine *Ateret Kohanim (Priesterkrone*) und *Elad* (Abkürzung für »Hin zur Davidsstadt«) durch die Aneignung von Häusern und Grundstücken in unmittelbarer Nähe der Altstadt, vor allem im palästinensischen Dorf Silwan, auf dessen Gebiet die ursprüngliche antike Stadt Davids lokalisiert wird, oder auch in den nichtjüdischen Vierteln der Altstadt. Häufig erpresst man arabische Besitzer, und nachdem sie Immobilien an *Elad* verkauft haben, werden die arabischen Untermieter oder Bewohner evakuiert, und nationalreligiöse bzw. ultraorthodoxe Siedler ziehen ein. Kommt es ausnahmsweise zu einem Gerichtsurteil gegen ein gesetzwidriges Geschäft und zur Aufforderung, ein derart besiedeltes Haus zu räumen, wie jüngst im Ost-Jerusalemer Stadtteil Sheikh Jarrah, weigern sich die neuen Hausbesetzer und ihre Anhänger, der Aufforderung Folge zu leisten mit dem Hinweis auf die große Zahl der gesetzwidrig gebauten Häuser von Arabern in Jerusalem. Wohlgemerkt, da es kaum autorisierte Baupläne für die arabischen Teile der Stadt gibt – eine zynische israelische Taktik –, sind zwangsläufig die in der Folge entstehenden Häuser ein Verstoß gegen das Gesetz.

Zur aktuellen Siedlungspolitik gehört auch die Instrumentalisierung der Vergangenheit und die Förderung eines politischen Tourismus. Der *Elad*-Verein finanziert archäologische Ausgrabungen innerhalb und außerhalb der Altstadtmauern, mit der klaren Anweisung und Absicht, die israelitischen, jüdischen Mythen zu untermauern und nichtjüdische Wurzeln der Stadt auszublenden. Der Versuch, israelischen und ausländischen Touristen diese Interpretation der Geschichte anzubieten bzw. aufzuzwingen, ist heikel. Obwohl die Ausgrabungen aus bautechnischen Gründen zum Beispiel das Leben der in Silwan wohnenden Palästinenser gefährden, werden sie von der Stadtverwaltung und den staatlichen Behörden geduldet.

Aber nicht nur in Jerusalem, sondern im gesamten Westjordanland herrscht der Eindruck, die Siedler stünden über dem Gesetz. Für sie wird der »Schutzwall« bzw. die Trennmauer Richtung Osten verschoben; für sie werden Apartheid-Straßen auf palästinensischem Gebiet gebaut. Sie dürfen ihre palästinensischen Nachbarn quälen und terrorisieren. In Hebron ist die Hauptstraße seit Jahren gesperrt, um angeblichen Übergriffen auf die etwa 500 dort lebenden Siedler vorzubeugen. Die mitten in der Stadt lebenden Siedler sind für ihre rücksichtslose Behandlung der palästinensischen Nachbarn weithin bekannt. Eine Gruppe ehemaliger Soldaten, die in der Stadt gedient haben, sie nennt sich *Shovrim Shtika* (»Schweigebrecher«), berichtete über ihre dort gesammelten Erfahrungen und organisierte sogar eine Ausstellung dazu. Gezeigt wurden unter anderem Fotos von Palästinensern in Hebron, die im eigenen Haus hinter und unter Gittern leben, um sich vor Angriffen der Siedler zu schützen. Besonders bekannt wurde ein auf Video dokumentierter Vorfall, bei dem eine etwa fünfzehnjährige Siedlerin minutenlang eine hinter einem Zaun wohnende Palästinenserin mit dem Ruf »Hure« belästigte. Den Alltag in Hebron hat auch eine Delegation des Deutschen Bundestages im April 2008 zu spüren bekommen, als sie von Siedlern attackiert und mit dem Ruf »Nazis« beschimpft wurde.

Die Zahl der Anschläge auf Siedler ist seit 2004 gering. Aber die Vergeltung der Siedler nach jedem noch stattfindenden Anschlag wird immer brutaler. Es existiert eine »Preisliste« – *Tag Mechir* –, jeder Angriff auf Siedler hat seinen »Preis«. Im Klartext: eingeschlagene Fensterscheiben, aufgeschlitzte Reifen, verbrannte Autos, demolierte Häuser oder gar verletzte und tote Palästinenser. Ermittlungen gegen die Täter finden nur in den gravierenderen Fällen statt und führen nur selten zur Verhaftung von Verdächtigen. Wenn die Polizei, das Militär und selbst das Establishment der Siedler Angst vor der herrschenden Gewaltbereitschaft haben, verwundert es nicht, dass der durchschnittliche Israeli aus Angst vor den brutalen Siedlern die Idee des Friedens preisgibt.

Die Hügeljugend

Ein besonderer Auswuchs der Siedlergemeinschaft ist die sogenannte Hügeljugend – Jugendliche um die 16 Jahre, die eine fanatische Siedlungspolitik auf Kosten der benachbarten Palästinenser und ohne Rücksicht auf Anweisungen oder Sanktionen der israelischen Regierung betreiben. Leser des *Stern* konnten im Herbst 2009 durch abgedruckte kurze Interviews einen ersten Einblick in die Vorstellungswelt dieser Jugendlichen gewinnen. Die Mitglieder der Gruppe treiben die religiös-jüdische Romantik so weit, dass sie weder durch das israelische Militär noch durch die Führung der Siedlungsbewegung (den »Rat von Judäa, Samaria und Gaza«) zu kontrollieren sind. Anfang 2010 gab sogar der seit 40 Jahren tätige Funktionär und Generaldirektor der Siedlerbewegung Pinchas Wallerstein auf, weil er diese Radikalisierung nicht mehr hinnehmen wollte.

Die Hügeljugend hat dem populären Begriff »des wilden Ostens« seine Bedeutung gegeben. Zunächst wohnen viele dieser Jugendlichen nicht in quasi »legitimen« Siedlungen, sondern in »illegalen Außen- oder Vorposten«. Zudem versuchen sie eine angeblich biblische Lebensweise nachzuahmen. Einige leben als Hirten, als Bauern, ihre Kleidung orientiert sich an Phantasiegewändern biblischer Gestalten, und sie tragen eine besonders große gestrickte *Kippa* (religiöse Kopfbedeckung); meist sind sie fundamentalistisch religiös geprägt. Für diese Jugendlichen ist *Erez Israel*, das Land Israel, der heiligste Wert, Land der Juden im buchstäblichen Sinne – Araber seien nicht einmal als *Gerim* (biblisch: im Lande wohnende Nichtjuden) zu dulden. Deswegen haben die Jugendlichen keine Hemmungen, Palästinenser zu schikanieren oder zu terrorisieren.

Der Olivenbaum ist ein Symbol der Bodenständigkeit palästinensischer Araber überhaupt und für sie nicht nur eine Ernährungs- und Einkommensquelle. Daher ist das Zerstören von Olivenbaumplantagen der Palästinenser eine besonders beliebte Tätigkeit der Hügeljugend. Mehrere tausend Bäume wurden Opfer solcher Barbarei. Noch populärer sind die Angriffe gegen Palästinenser, die ihre Oliven ernten. Diese pogromartigen Attacken führen dazu, dass das Militär zu Hilfe gerufen wird und Menschenrechtsorganisationen sich einschalten und ihre Anhänger sammeln, um eine ungestörte Olivenernte zu ermöglichen. Man muss zu solchen Schutzmaßnahmen greifen, weil die ganz natürliche Reaktion, nämlich die Straftaten der Jugendlichen polizeilich zu verfolgen und zu ahnden, im »wilden Osten« völlig unrealistisch zu sein scheint. Im Jahr 2002 haben Bewohner des Dorfes Turmus-Yia im Voraus die Polizei und das Militär benachrichtigt und um Schutz bei der Ernte gebeten. Sie bekamen keinen Schutz, dafür aber kamen die Siedler, die nicht nur die Palästinenser attackierten, sondern auch deren Autos in Brand steckten. Vor Gericht wurden die Angreifer nicht gestellt. Auch als kürzlich eine palästinensische Familie auf ihrem Feld während der Arbeit angegriffen wurde, eine Person eine Schussverletzung erlitt und die herbeigerufene Polizei die Angreifer aus Gilad-Farm sogar identifizieren konnte, erfolgte keine Anklage. Hügeljungs fühlen sich noch mehr als andere Siedler über dem Gesetz. Sollte die Polizei einmal Anklage erheben, sind die gut bezahlten Anwälte und die auf dem rechten Auge oft blinden Richter die Garantie dafür, dass die Strafen milde ausfallen, wenn überhaupt welche verhängt werden. Schon 2003 hat *Amnesty International* einen langen, vernichtenden Bericht zu diesem Thema veröffentlicht. Doch in Israel kam es nicht zur dramatischen Wende. Warum auch, behauptet doch der frühere Oberrabbiner der sephardischen Gemeinschaft Mordechai Eliahu, der nach Ablauf seiner Amtszeit die höchste geistliche Instanz der nationalreligiösen Israelis geworden ist, Bäume, die in Erez Israel wachsen, gehörten wie die Ernteerträge und das Land überhaupt Juden – was sollte die Jugendlichen also davon abhalten, die Olivenernte der Palästinenser zu rauben?

Diese Jugendlichen wüten unter anderem im Süden von Judäa, vertreiben arme Fellachen von ihrem Land, vergreifen sich sogar an den ärmsten, in Höhlen lebenden Einwohnern und verwandeln das geraubte Land in Farmbetriebe. Kommt es im Westjordanland zu Anschlägen gegen Juden – Steinwürfe eingeschlossen –, organisiert die Hügeljugend Vergeltungsschläge. Es ist die Hügeljugend, die das erwähnte System der »Preisliste« eingeführt hat. Jeder Versuch palästinensischen Widerstandes hat nach dieser Logik einen bestimmten Preis. Die Art von *quid pro quo* ist aber nur möglich, weil das Militär sich nicht oder zumindest nicht effektiv einschaltet. Seit dem Rückzug aus dem Gazastreifen betrachten diese Jugendlichen das Militär als Gegner! Auf eine Intervention des Militärs hin wird der »Preisliste« entsprechend gehandelt. Im Dezember 2009 scheuten Siedler nicht einmal vor dem Versuch zurück, eine Moschee in Brand zu setzen, vermutlich mit der Absicht, die gesamte Region in Tumult und Aufruhr zu versetzen. Zum Glück haben die Palästinenser auf die Brandstiftung eher milde reagiert. Bei dem oder den Tätern handelte es sich wahrscheinlich um Minderjährige, die an einer *Jeshiva* in einer besonders fanatischen Siedlung studieren. Die Ermittlungen haben bisher nicht zu einer Anklage geführt.

Die Hügeljugend schafft es, nicht nur Palästinenser oder das israelische Militär einzuschüchtern, sondern auch die Kritiker aus den Reihen der Siedler. Wer Kritik äußert, erntet als Vergeltung Schikanen, Schläge, aufgeschlitzte Autoreifen und mehr. Als Geiselnehmer der israelischen Gesellschaft ist die Hügeljugend besonders erbarmungslos.

Das Militär

In Israel spielt das Militär bekanntlich eine zentrale Rolle. *Si vis pacem, para bellum* – das ist mehr als bloße Theorie. Das Militär ist ständig in kriegerische Auseinandersetzungen verwickelt, hat eine konkrete Vorstellung vom Feind, glaubt also wenig an einen im europäischen Verständnis »normalen« Frieden und gehört so zu den größten Angstmachern im Land. Allzu oft reden der Generalstabschef oder der Chef der Abwehr in einer Regierungssitzung über die vielen Gefahren, die Israel drohen, und die Medienberichterstattung bestätigt quasi automatisch den verbreiteten Verdacht, hinter Friedensgesprächen verberge sich nur List und Ablenkung. Der Normalbürger schlussfolgert aus dem sich ständig wiederholenden Kriegszustand – so im Fall des Libanonkrieges 2006 oder des Gazakrieges 2008 oder wenn es zum Schlag gegen den Iran kommen sollte – intuitiv, dass es keine realistische Alternative gibt, denn die »anderen« verstehen einzig und allein die Sprache der Gewalt. Und diese Sprache kennt das Militär ebenfalls am besten (wenn der Gegner nicht die Siedler oder die Hügeljugend ist).

Spricht man vom Militär, so muss auf Prozesse und Nuancen, aber auch auf den Einfluss des Militärs auf die Zivilgesellschaft geachtet werden. Der Mythos von der Volksarmee begleitet Israel seit seiner Entstehung. »Das ganze Volk – eine Armee« lautete die stolze Parole der »neuen Juden« im eigenen neuen Staat, die sich von den alten Diasporajuden unterscheiden wollten. Den Begriff »das ganze Volk« hat man im militärischen Zusammenhang sogar so fortschrittlich ausgelegt, dass man darunter auch die Frauen verstand. Mythos und Realität klaffen allerdings weit auseinander, und zwar nicht nur, weil es einen Unterschied zwischen regulären und Berufssoldaten gibt oder weil die Hügeljugend kein Zutrauen mehr zum Militär besitzt, seit es bei der Räumung der Siedlungen im Gazastreifen eine für sie unverzeihliche Rolle gespielt hat. Die regulären Soldaten scheiden nach drei Jahren Pflichtdienst, in denen sie vom Militär ein Taschengeld erhalten, aus, die Berufssoldaten unterzeichnen nach dem Pflichtdienst einen Vertrag, bekommen ein normales Gehalt und können mit 45 Jahres vollpensioniert ausscheiden. Auch die Statistik setzt hinter die Parole von der Volksarmee ein großes Fragezeichen.

Die Zahl der vom Militärdienst automatisch befreiten ultraorthodoxen *Jeshiwa*-Studenten (rabbinische Hochschule) stieg von insgesamt nur 400 im Jahre 1948 auf Zehntausende in der Gegenwart. Ähnlich entwickelten sich die Angaben über Jugendliche, die als körperlich oder psychisch untauglich oder aus sozialen Gründen, darunter kriminellen Aktivitäten, nicht rekrutierten werden. Offizielle Zahlen werden nicht veröffentlicht, sondern nur der entsprechende Prozentsatz aus jedem Jahrgang. Nimmt man einen gesamten israelischen Jahrgang, also schätzungsweise etwa 50000 Jugendliche, als Grundlage (dies schließt die 20 Prozent arabische Jugendliche ein, die der Staat, mit Ausnahme von Beduinen und Drusen, nicht einzieht), so schrumpft die Zahl der jährlichen Rekruten auf 52 Prozent eines jeden Jahrgangs. Berücksichtigt man nur die jüdische Jugend, so sind es 74 Prozent. Mit anderen Worten: Immerhin bleiben 26 Prozent eines Jahrgangs dem obligatorischen Militärdienst fern – im Vergleich zu nur 18 Prozent im Jahre 1991. Jeshiva-Studenten werden nicht eingezogen, das sind 11 Prozent eines jeden Jahrgangs, im Vergleich zu nur 5 Prozent im Jahr 1991. Nur etwa die Hälfte der Frauen leistet Militärdienst; denn arabische Frauen (inklusive Beduinen-Frauen und Drusinen, die anders als ihre Männer dem Militärdienst fernbleiben) sind ohnehin nicht dienstpflichtig, und von den jüdischen Frauen werden 34 Prozent, die sich als religiös einstufen, befreit. Darüber hinaus wird jeder achte Soldat schon während des ersten Dienstjahres wegen mangelnder Anpassungsfähigkeit entlassen.

Dennoch behauptet sich der Mythos vom Militär als der zentralen Ikone des Zionismus und des Staates Israel, und der Militärdienst gilt weiterhin im internen israelischen Diskurs als Grundpfeiler der israelischen Identität und als unabdingbarer Beweis und Nachweis dafür, dass man »ein treuer, zuverlässiger Staatsbürger« ist. Das beste Argument, das einem gegen Vorwürfe jeglicher Art – egal ob wegen der Teilnahme an Protesten gegen die Regierungspolitik oder bei dem Verdacht, Komplize bei einer kriminellen Handlung gewesen zu sein –, einfallen kann, lautet: »Ich habe gedient.« Dieser Satz ist umso wirkungsvoller, wenn man in einer Kampfeinheit gedient hat, denn die Kampfeinheiten gelten in der israelischen Zivilgesellschaft als »Salz der Erde«.

Die Kehrseite dieser positiven Einschätzung des Militärdienstes ist die Toleranz gegenüber militärischen Werten und Sprachmünzen in der Zivilgesellschaft, die mangelhafte Kontrolle der zivilen Stellen über das Militär und die überproportionale Rolle der im Alter von 50 Jahren in den Ruhestand tretenden Berufssoldaten in der Politik. Die einige Zehntausend zählende Minderheit der Berufssoldaten ist eine Interessengruppe, die den hohen Status des Militärdienstes gut ausnutzt.

Der Leser sollte sich die Generalstabchefs der Israelischen Verteidigungsstreitkräfte (IDF) in der hier behandelten Zeit anschauen: bis 1995 Ehud Barak, bis 1998 Amnon Shachak, bis 2002 Shaul Mofaz, bis 2005 »Bogi« Ya'alon, bis 2007 Dan Halutz und nun Gabi Ashkenasi. Man muss kein Kenner der israelischen Politik sein, um mit diesen Namen vertraut zu sein: Barak ist Ministerpräsident geworden, Shachak, Mofaz und Ya'alon waren hochrangige Minister in verschiedenen Kabinetten. Um als Soldat in die Politik einzusteigen, muss man es aber nicht unbedingt bis zum Generalstabschef gebracht haben; ganz normale Generäle wie Ariel Sharon oder Yitzhak Mordechai wurden Minister und sogar Verteidigungsminister, also Volksbeauftragte für Militär- und Sicherheitspolitik. Nicht nur Militärs, darunter niedrige Offiziersränge, übernehmen politische Posten, sondern zunehmend auch ehemalige Chefs und hohe Offiziere des israelischen Geheimdienstes, nämlich Avi Dichter, Ami Ayalon, Gideon Ezra oder Ehud Yatom. Ezra und Dichter waren Minister für innere Sicherheit, also die Volksbeauftragten für Polizeifragen.

Diese Namensliste deutet darauf hin, dass die Militarisierung der Zivilgesellschaft auch nach dem »Kalten Krieg«, nach dem Oslo-Vertrag und trotz der steigenden Tendenz zur Dienstvermeidung, »Drückebergerei« genannt, keineswegs abnimmt. Ganz im Gegenteil: Die Erfahrungen, die Beziehungen und das Ansehen der Militärs oder Geheimdienstler scheinen das Entree für eine politischen Karriere zu sein, und das in einer Zeit, in der Militärs aus finanziellen Gründen dazu tendieren, nach dem Militärdienst in die Wirtschaft einzusteigen. Beim Militär wird man relativ früh pensioniert, und eine zweite Karriere ist eine Selbstverständlichkeit. Am eindrücklichsten war im letzten Jahrzehnt der Fall Mofaz – er wechselte als Generalstabschef des Militärs direkt ins Amt des Verteidigungsministers in Ariel Sharons Regierung. Sein

Nachfolger Ya'alon musste etwas länger warten – ein neues Gesetz hatte eine Karenzzeit eingeführt –, bis er Minister für strategische Angelegenheiten in der Regierung Netanyahus werden konnte. Auch auf der Kommunalebene ist die militärische Karriere von Vorteil – mehr und mehr Bürgermeister sind pensionierte Offiziere. Sie wissen, wie eine Organisation zu funktionieren hat und wie man Befehle erteilt.

Ein weiteres Paradox: Wer erwartet, ehemalige Offiziere und Geheimdienstler nur im rechtsradikalen Flügel der politischen Szene vorfinden zu können, täuscht sich. Ein ehemaliger Generalstabschef muss nicht unbedingt ein Vertreter der nationalistischen, rechtsorientierten Politik werden, und bei den Geheimdienstchefs ist die »linke« Tendenz noch deutlicher als bei den in die Politik gewechselten Offizieren des Militärs. Ehud Barak ist Führer der Arbeitspartei, zu der auch Ami Ayalon gehörte (allerdings darf man fragen, ob diese Partei noch immer eine linke Partei ist), Amnon Shachak gehörte der kurzlebigen »Partei der Mitte« an, Avi Dichter und Gideon Ezra landeten in der Kadima-Partei, die als Partei der rechten Mitte gilt. Mehr noch: Vier ehemalige Chefs des Geheimdienstes unterstützten 2002 eine Initiative des ehemaligen Kollegen Ayalon und des palästinensischen Professors Seri Nusseibe für einen Frieden, der von der Gründung des Staates Palästina neben Israel ausgeht. Sogar Mofaz wechselte von der Likud-Partei (bis auf weiteres) zu Kadima und ist mit der Zeit deutlich moderater geworden. Nur Ya'alon steht fest auf dem rechten Flügel, zusammen mit dem ehemaligen stellvertretenden Polizeipräsidenten Yitzchak Aharonovitch, heute Minister für innere Sicherheit, der zur rechtsradikalen Partei »Israel unsere Heimat« gehört. Kurz: Der Grad der Militarisierung von Politik und Gesellschaft wird nicht an der Nähe zum extremen Nationalismus gemessen, sondern an der elementaren Tatsache, dass die Zivilgesellschaft den Militärdienst als Empfehlung für eine politische Führungsrolle betrachtet und dass so viel Politik von ehemaligen Militärs gemacht wird.

Bereits die Erfahrung der El-Aksa-Intifada zeigte, so die Formulierung eines bekannten Journalisten, dass man nicht in einem Staat lebt, der eine Armee hat, sondern in einem Zustand, in dem das Militär den Staat als Filiale betrachtet. Die Politiker, vor allem der Minister für innere Sicherheit, hatten schon damals die Kontrolle über das Militär weitgehend verloren. Dieses Amt hatte bis 2001 der Geschichtsprofessor Shlomo Ben-Ami inne, eine Taube aus der Arbeitspartei. Die Reaktion auf den palästinensischen Aufstand fiel angeblich so extrem und blutig aus, um den Aufstand im Keim zu ersticken. Ya'alon, die damalige Nr. 2 im Generalstab und späterer Generalstabschef, wollte, dass sich diese Reaktion in das Bewusstsein der Palästinenser »einbrennt«, auch wenn dabei die Anweisungen der zivilen Instanz ignoriert wurden. Das Militär weiß angeblich, wie man den palästinensischen »Krebs« bekämpft, und Friedensverhandlungen sind dabei nur Geschwätz und schädliche Hindernisse.

Das Scheitern von Amir Peretz als Verteidigungsminister im Kabinett Olmert war auch ein Indiz für zu schwache Zivilkontrolle über das Militär. Peretz war seit langer Zeit der erste und einzige Verteidigungsminister, der zuvor kein General oder Oberst der Armee gewesen war, sondern seinen politischen Einfluss und Erfolg als früherer Gewerkschaftsführer erlangt hatte. Nach dem Zweiten Libanonkrieg im Jahr 2006 musste er sein Amt aufgeben. Er galt als inkompetent, weil er kein General a.D. oder zumindest Oberst a.D. war. Wäre der damalige Regierungschef ebenfalls kein Zivilist gewesen, sondern ein ehemaliger General, hätte er nicht unbedingt eine bessere Verteidigungspolitik betrieben, jedoch weniger Kritik geerntet. Zwar musste auch Generalstabschef Dan Halutz zurücktreten, hierfür war aber eher ausschlaggebend, dass die frustrierten Politiker und die öffentliche Meinung einen Sündenbock brauchten. (Ähnliche Regeln gelten im Fußball: Wenn die Siege ausbleiben, wird der Trainer gefeuert.) Zudem erntete Halutz als Vertreter der Luftwaffe viel Kritik von den Offizieren der Bodentruppe. Die Kritik während des Libanonkrieges und danach richtete sich nicht prinzipiell gegen die überhastete und unbegründete Entscheidung, in den Krieg zu ziehen, sondern gegen diejenigen, die dazu beigetragen hatten, dass die Öffentlichkeit während des Verlaufs des Krieges frustriert wurde. An dieser Diskussion hatten viele ehemalige Offiziere einen entscheidenden Anteil, allen voran General Ya'alon, der Vorgänger von Generalstabschef Halutz. Die Grenze zwischen Zivilbevölkerung und Militär verschwamm zum wiederholten Mal: In der staatlichen Untersuchungskommission waren zwei der fünf Mitglieder hohe Offiziere, und unter den zwölf von der Kommission geladenen Experten waren acht Militärs. Eine Frage ließ die Kommission unter den Tisch fallen: Wie konnte es überhaupt dazu kommen, dass das Militär als automatische Reaktion auf eine Attacke aus dem Hinterhalt der Gesellschaft sofort einen groß angelegten Krieg aufzwang? Die für Historiker interessantere Frage lautet allerdings, weshalb die Regierung so kooperationsbereit war und sich nicht in der Lage sah, den Sinn einer solchem Reaktion von Anfang an anzuzweifeln. Bekanntlich war die Entscheidung, den Krieg zu beginnen, eine Reaktion auf den

Überfall der Hisbollah nahe der libanesischen Grenze auf einen israelisches Militärwagen, der mit der Entführung von zwei israelischen Soldaten endete.

Nach dem Gazakrieg vom Dezember 2008 bis Januar 2009 wurde keine Untersuchungskommission eingesetzt und der Sinn des gesamten Unternehmens nicht hinterfragt, denn diesmal amtierte ein General, nämlich Ehud Barak, als Verteidigungsminister. Auch waren die Folgen für die israelische Zivilbevölkerung eher begrenzt, und die Schläge des Militärs schienen effektiv genug gewesen zu sein. Deshalb macht sich die Zivilgesellschaft gegenwärtig auch wenig Gedanken darüber, weshalb ein Militärschlag gegen den Iran die quasi selbstverständliche Reaktion auf das nukleare Potenzial des Iran sein müsse.

Es scheint, das Militär hat die israelische Gesellschaft im Griff und benutzt die Zivilgesellschaft als Geisel. Als die UN eine von dem Richter Richard Goldstone geleitete Kommission einsetzten, die Verstöße gegen Menschenrechte im Gazakrieg untersuchen sollte, vermied es nicht nur die Hamas, sondern auch Israel, mit ihr zusammenzuarbeiten. Das Militär, hieß es, untersuche den Verlauf des Krieges selbst und werde nicht mit einer Kommission kooperieren, die nicht davon ausgehe, dass die Art der israelischen Kriegsführung gerechtfertigt sei. Als aber die Kommission ihren sehr kritischen Bericht im September 2009 vorlegte und aus dem linken Flügel der israelischen Öffentlichkeit der Ruf nach der Gründung einer Enquetekommission laut wurde, waren das Militär, die Politik und die Mehrheit der öffentlichen Meinung dagegen, obwohl eine Klärung der Vorwürfe für Israel nur von Vorteil gewesen wäre. Für Lieberman und Netanyahu wäre eine Zustimmung

Israels zur Kooperation mit der Goldstone-Kommission selbstverständlich nichts als ein Affront gegen das Militär und »typische Kriecherei«.

Ehemalige Militärs implantieren so die Vorstellungen des Militärs in der Politik überhaupt, speziell bei der Festlegung des Verteidigungshaushalts und vor allem im Hinblick auf die Privilegien der Berufssoldaten. Da Generäle und ehemalige Generäle sowieso von der Vorstellung beseelt sind, man schwebe ständig in Gefahr und der Feind sei allgegenwärtig, glauben sie weniger an den kommenden Frieden und pochen auf *Parabellum*. Die Bevölkerung, die aus der jüdischen Geschichte nur eine Schlussfolgerung zieht, nämlich die, dass die Nichtanwendung der Waffe Schwäche und Katastrophe bedeutet, akzeptiert diese Haltung ohne Bedenken.

Parallel zum quasi automatischen Griff nach der Waffe, zum Militäreinsatz als ultimativer Antwort auf lauernde Gefahren und zur Festigung des Militärs als Interessengruppe geht die Militärdienstbereitschaft ständig zurück. Dass somit die Legende vom »ganzen Volk – eine Armee« bloßgestellt wird, verdankt sich nicht nur dem Zuwachs an Religiosität oder der nüchternen wirtschaftlichen Überlegung, im zivilen Leben mehr Geld verdienen zu können, statt beim Militär praktisch für umsonst oder als Berufssoldat nach dreijährigem Pflichtdienst für ein relativ geringes Gehalt zu arbeiten. Ein weiterer Grund hat viel mit der Hauptaufgabe des heutigen Militärs zu tun, nämlich seiner Funktion als Besatzungsarmee. Es kann bestimmt für eine israelische Mutter nicht die Erfüllung eines Traums bedeuten, wenn ihr Kind in die besetzten Gebiete geschickt wird, um dort Straßensperren zu kontrollieren. Weil sich das Militär, abgesehen von kurzen Kriegsepisoden, hauptsächlich auf die besetzten Gebiete konzentriert, haben die alten Eliten – die Söhne der Kibbuzim –, aber auch viele urbane Durchschnitts-Israelis das Interesse am Dienst oder zumindest an der Offizierskarriere verloren. Im Gegenzug ist die Motivation nationalreligiöser junger Menschen gestiegen, beim Militär zu dienen und dort auch Karriere als Offizier zu machen. Für diesen besonderen Auftrieb gibt es zwei Hauptgründe: Zum einen fungiert das Militär *nolens volens* als Instrument der Idee von »Ganz-Israel«; zum anderen können die Siedler ihren Militärdienst in Einheiten leisten, die in ihrer eigenen Umgebung stationiert sind, und so auch auf die Regelung der Beziehung zur palästinensischen Bevölkerung Einfluss nehmen. Auf diese Weise wird das Militär nicht nur für die säkulare Mehrheit weniger, für die nationalreligiöse Minderheit stärker attraktiv und in den besetzten Gebieten zum Partner, besser gesagt: zur willigen Geisel der Siedler.

Dass die Beziehung zwischen Militär und Siedlungsbewegung eng ist und funktioniert, zeigt der vom Militär bestimmte Verlauf der Trennmauer zwischen dem Kernland und den besetzten Gebieten, der eher auf Besitzansprüche der Siedler als auf Argumente der Sicherheit zurückgeht, wie punktuell der Oberste Gerichtshof feststellen musste. Auch die beiden folgenden Beispiele veranschaulichen dies: Israelische Soldaten, die in den Siedlungen stationiert sind – mit der Aufgabe, die Siedler gegen den palästinensischen Widerstand zu schützen –, werden am Schabbat oder bei anderen Gelegenheiten von Siedlerfamilien eingeladen und auch sonst mit Süßigkeiten und ähnlichen Geschenken versorgt; sie sind dafür dankbar und fühlen sich dieser Bevölkerung verpflichtet, besonders wenn sie selbst nicht aus der Gegend kommen. Solch subtile Art der Bestechung zahlt sich bei Konflikten zwischen Siedlern und Palästinensern bzw. zwischen Siedlern und Regierung aus.

Auf unbestechliche Militärs üben Siedler häufig Druck aus. Es gibt zahlreiche Fälle dieser Art von Erpressung und Geiselnahme. In einer Siedlung spüren Offizierskinder die Rache der anderen Kinder unmittelbar, falls der Vater als Soldat gegen die Siedler »gesündigt« hat. Auch Demonstrationen und offene Proteste gegen die sogenannten »Verräter« sind keine Seltenheit. Ein bekannter Fall war General Arie Nave, von 2005 bis 2007 Oberbefehlshaber des Abschnitts Mitte, in dem sich auch das Westjordanland befindet. Er wurde auf diesen Posten berufen, weil er wegen seiner religiösen Orientierung theoretisch mit den Siedlungsfundamentalisten besser hätte kommunizieren können als säkulare Offiziere. Als er jedoch zwischen »legitimen« Siedlern und wilden Siedlern in »illegitimen Vorposten« unterschied und entsprechend handelte, das heißt die gewaltsame Räumung des Vorpostens Amona befahl, wurden seine Kinder bedroht, während er in seiner Synagoge im Kernland Israels von Mitgläubigen boykottiert wurde und sogar Polizeischutz erhalten musste. Das Militär als Geisel der Siedler – kein Wunder also, dass mancher mehr Angst vor dem Befehl hat, bei Gelegenheit gegen ausschreitende Siedler vorzugehen oder gar Siedlungen zu räumen, als vor dem ewigen Zustand des Krieges und der Besatzung.

Klar nachweisbar ist der Zuwachs der Zahl nationalreligiöser Offiziere und Soldaten der Kampftruppen auf Kosten der früher stark präsenten, meist säkularen »Kibbuzniks«. Um darüber hinaus für das Militär Rekruten zu gewinnen, die sich ansonsten als *Ultra*orthodoxe vom Dienst befreien lassen, hat die Regierung eine Institution geschaffen, die seit zehn Jahren im Gesetz verankert ist – sogenannte *Hesder*(Abmachungs)-*Jeshiwa*. Studenten dieser *Jeshiwot* sind vom Militärdienst nicht befreit, sie dienen anderthalb statt drei Jahren in einem Sonderregiment im aktiven Dienst und drei weitere Jahre als Studenten der *Jeshiwa*. Jährlich werden etwa 1500 von ihnen vornehmlich in den besetzten Gebieten eingesetzt. Für Ultraorthodoxe gibt es sogar ein Sonderbataillon, »Ewiges Juda« genannt.

Als die Politiker 2009 auf das Militär Druck ausübten, um zumindest die »illegalen Außenposten« zu räumen, erreichte der Widerstand von Soldaten dieser Einheiten und vor allem der ihrer Rabbiner gegen die Aktion seinen Höhepunkt. Es kam zu Demonstrationen und Aufrufen, auch zur Befehlsverweigerung mit dem Argument, das göttliche Gebot stehe über dem Befehl des Vorgesetzten beim Militär bzw. der säkularen Regierung, als wäre »Ganz-Israel« eine von Gott angeordnete Weisung. Die Parole »Juden vertreiben keine Juden« bzw. das Plakat mit der Aufschrift »Das Shimshon-Bataillon evakuiert die Siedlung Chomesh nicht!«, das zwei Soldaten im Oktober 2009 während einer Militärzeremonie entfalteten, oder das Transparent »Auch das Nachshon-Bataillon evakuiert (Juden) nicht«, das uniformtragende religiöse Soldaten auf offener Straße entrollten, verdeutlichen, wie stark das Militär in seiner Funktion als Vollzieher einer Regierungspolitik in Bedrängnis geraten ist.

Für die Hügeljugend und ihr Umfeld war die Situation unfassbar: Das Militär, das ja immer stärker von nationalreligiösen Offizieren durchsetzt ist, hat den Rückzug aus dem Gazastreifen durchgeführt und plant weitere Räumungen. Es ist kein Geheimnis, dass Rabbiner der *Hesder-Jeshiwot* diese Kritik am Militär unterstützten, bis hin zum Aufruf, den Einsatz in solchen Fällen zu verweigern. Eliezer Melamed, Leiter einer

Jeshiwa in den besetzten Gebieten, ist ins Visier des Verteidigungsministers geraten, als er in seinem Buch *Volk, Land, Militär* Soldaten aufforderte, den Befehl zur Räumung von Siedlungen zu verweigern; denn die Räumung irgendeines Teils von Erez Israel sei ein Verstoß gegen mehrere religiöse Gebote. Der Rabbiner verwendete auch den Begriff »eindeutig illegaler Befehl«, den die israelische Justiz geprägt hatte, um einen Befehl zu charakterisieren, der 1956 zum Massaker an arabischen Bewohnern im Dorf Kafr Kassem geführt hatte. Die Richter bezeichneten damals den Befehl, Zivilisten zu erschießen, als »eine schwarze Fahne, die mahnend weht«. Für Rabbiner Melamed ist auch der Befehl, Juden aus den besetzten Gebieten zu evakuieren und Siedlungen zu räumen, eine »schwarze Fahne«, die die Verweigerung des Befehls legitimiert. Somit ist die heilige Kuh der israelischen Gesellschaft nur noch bedingt heilig – so lange nämlich, wie sie nach der Pfeife der religiösen Verfechter der Ideologie von »Ganz-Israel« tanzt. Das hat auch Verteidigungsminister Barak kapiert und der Thoraschule von Rabbiner Melamed den Status »Hesder«-Jeshiwa entzogen. Ob damit aber die Lawine zum Stillstand gebracht wurde, ist fraglich.

Jedenfalls zeigt sich, wo die Grenze der Legitimität gezogen wird: Rabbiner, die die Militär-Disziplin untergraben sind unakzeptabel, ein Rabbiner wie der bereits erwähnte Gad Lior, der keinen Widerspruch zu orthodoxen jüdischen Gesetzen sieht, wenn unbeteiligte palästinensische Zivilisten während einer israelischen Kriegshandlung zu Tode kommen, wird toleriert.

Parallel dazu hat sich die Rolle der Militärrabbiner, die man theoretisch mit den christlichen Militärpfarrern vergleichen könnte, in den letzten Jahren geändert. Ursprünglich hatten die Militärrabbiner und Militärfeldwebel die Aufgabe, die Durchführung von Vorschriften im rituellen Bereich beim Militär zu kontrollieren – die Küchen koscher zu halten, für die Schabbatruhe zu sorgen und anderes mehr. Zwar konnte ein Militäroberrabbiner schon 1967 mit seinen politischen Äußerungen Schlagzeilen machen: Er hatte das Verbot, das Areal des Tempelbergs zu betreten, aufgehoben und sich gegen einen Rückzug aus dem Westjordanland ausgesprochen. Dieser Rabbiner wurde später sogar Israels Oberrabbiner – auch ein Fall des glatten Übergangs vom Militär in den Zivilbereich. Aber erst in den letzten Jahren, praktisch seit der Ernennung von General Avichai Ronetzky, einem Siedler aus einer besonders militanten Siedlung, zum Militäroberrabbiner, begann das Militärrabbinat zu einer Konkurrenz der Bildungsabteilung des Militärs zu werden. Ronetzky schuf eine neue Abteilung für »jüdisches Bewusstsein«, mit der Absicht, vor allem die Kampfeinheiten zu beeinflussen. Militärrabbiner bieten Kurse für die Soldaten an, die orthodoxe, nationalreligiöse und fundamentalistische Inhalte vermitteln. Unterstützung erhalten sie von *Chabad-Chassidim*, die innerhalb der jüdischen Gesellschaft eine aggressive nationalorthodoxe Propaganda für ein »Ganz-Israel« betreiben und vom Militärrabbinat eingeladen werden, vor Soldaten Vorträge zu halten. So kann man auch den nichtreligiösen Soldaten eine nationalreligiöse Botschaft vermitteln. Was dieses Eindringen der Orthodoxie in das Militär bedeuten kann, zeigt die folgende Diskussion. Der Militäroberrabbiner Ronetzky hat die Frage, ob am Schabbat medizinische Hilfe von Juden für verwundete Araber erlaubt sei, verneint, da es sich hier um einen Verstoß gegen die Schabbat-Bestimmungen handle. In der Zeitschrift des Militäroberrabbinats *Dein Lager soll heilig sein* aus dem Jahre 2007 meinte ein anderer Militärrabbiner, Oberst Eyal Karim, dagegen, das Tragen von verwundeten oder getöteten Hunden, die zur Sondereinheit der Militärhunde gehören, sei kein Verstoß gegen die Schabbat-Gebote, da »ihre Integration in Einheiten, die am Kampf in Judäa und Samaria (sprich: im Westjordanland) teilnehmen, eine bessere Bekämpfung des Feindes ermöglicht«.

Bei Ausbruch des letzten Gazakrieges im Dezember 2008 feuerten Militärrabbiner die Soldaten zum Heiligen Krieg an, verteilten auch Gebetbücher als Talisman, und *Chabad*-Zivilisten durften in die Militärlager hinein, um den Soldaten die passende geistliche Unterstützung zu gewähren. Kein Wunder, dass der Militäroberrabbiner Ronetzky mit dem Kampfgeist der Soldaten im Gazakrieg zufrieden war – sie kämpften mit Hingabe, denn »verdammt ist der, der gegenüber dem Feind Erbarmen zeigt«, so der General im Vortrag, den er in einer *Hesder-Jeshiwa* in einer Siedlung im Norden des Westjordanlandes hielt.

Nun steht also nicht mehr der konventionelle Krieg und die entsprechende Vorbereitung im Mittelpunkt des soldatischen Alltags. Die Aktivität in den besetzten Gebieten ist zum Kern der Sache geworden. An Dutzenden von Straßensperren wird die palästinensische Bevölkerung kontrolliert. Man schützt die Siedlungen vor Übergriffen der Palästinenser und Palästinenser vor Angriffen der Siedler. Man bekämpft Demonstranten, die gegen die Errichtung der Trennmauer demonstrieren. Man versucht, palästinensische Arbeitssuchende an der Grenzüberschreitung in das Kernland Israel zu hindern, und man hilft dem Geheimdienst, verdächtige Palästinenser festzunehmen. Alle diese Tätigkeiten, die zum Teil eigentlich Aufgaben einer normalen Polizei sind, lassen unkontrollierte Gewaltanwendung und Willkür zu. Menschenrechtsorganisationen berichten kontinuierlich von Verstößen gegen das internationale, aber auch gegen das israelische (Menschen-)Recht. Sogar der Oberste Gerichtshof wandte sich gegen eine Praktik, die man als »Nachbar-Prozedur« bezeichnete: Zwecks Eindringen in eine Wohnung, in der man Terroristen vermutet, wird ein Nachbar als »menschliches Schild« vorgeschickt, um die Tür zu öffnen. Das Militär hat alsbald dieser Praxis einen neuen Namen gegeben und so die Entscheidung des Obersten Gerichtshofes umgangen.

Weil eben Palästinenser sich bei Organisationen wie *Be'Zelem*, dem Zentrum für den Schutz des Individuums oder anderen Institutionen beschweren können, weil Frauen der Organisation *Machsom-Watch* (Straßensperren-Wache) das Geschehen an den Straßensperren beobachten und ihre Informationen weitergeben, weil man mittlerweile über Mobiltelefone Vorkommnisse dokumentieren kann und nicht zuletzt weil Soldaten von ihren eigenen Erfahrungen berichten, dringen derartige Vorgänge überhaupt an die Öffentlichkeit. Eine Gruppe von Soldaten, die in Hebron und Umgebung diente, hat 2004 den bereits oben erwähnten Verein *Shovrim Shtika* (Brecher des Schweigens) gegründet, Berichte über ihre Dienstzeit gesammelt und sogar eine Ausstellung organisiert. Auch Soldatinnen, die an Straßensperren standen, haben im Januar 2010 nach ihrer Dienstzeit in einem Bericht von *Shovrim Shtika* ihre Erfahrungen in den besetzten Gebieten veröffentlicht. Soldatinnen haben sich die Handlungsweisen der männlichen Soldaten angeeignet, hieß es, und Palästinenser mindestens unwürdig behandelt. Selbstverständlich wurden diese Berichte als Nestbeschmutzung gebrandmarkt und die Aussagen angezweifelt mit dem Argument, sie hätten bei der Militärpolizei Anzeige erstatten und nicht den Schutz der Anonymität suchen sollen. Die meisten dieser Soldaten und Soldatinnen haben anonym ausgesagt, weil sie aus verständlichen Gründen die Konfrontation mit der Militärpolizei meiden wollen. Die Medien greifen solche sensationellen Entlarvungen gerne auf, geben aber dem Establishment und reaktionären Gruppen wie »Im Tirzu« (eine Anspielung auf Herzls zionistische Vision) die Gelegenheit zu kontern, und am Ende ändert sich am Verhalten der Soldaten in den besetzten Gebieten kaum etwas. Am Mythos vom »moralisch saubersten Militär der Welt« soll nicht gerüttelt werden.

Wir sind aber nicht nur auf Informationen von *Shovrim Stika* angewiesen. Manche Soldaten sind so abgestumpft, dass sie sogar ihre eigenen Untaten dokumentieren und über *YouTube* oder *Facebook* ins Internet stellen. Einige solcher Vorfälle wurden in israelischen Medien aufgegriffen, was Zuschauer veranlasste, Kommentare abzugeben, wie einerseits: »man hätte ihn (den Palästinenser, selbstverständlich) erschießen sollen«, oder andererseits: »obwohl er Araber ist, ist er auch ein Mensch«. So oder so – eine befremdliche Kritik. Auch hört man von Soldaten, die aus irgendeinem Grund ein palästinensisches Haus oder eine Wohnung vorübergehend »requiriert« und danach in desolatem Zustand verlassen haben. Aus anderen Berichten erfährt man, dass palästinensische Kinder stundenlang an Straßensperren ohne Grund – und ohne Verpflegung – festgehalten wurden oder dass man Palästinenser, die vom Grenzschutz aufgegriffen wurden, dazu zwang, buchstäblich ein Loblied auf den Grenzschutz zu singen. Der Fall, bei dem Soldaten von einem Palästinenser verlangt haben, vor dem Passieren der Sperre für sie auf einer Geige zu spielen, hat unerträgliche Assoziationen hervorgerufen. Ein öffentlicher Skandal brach los, als das Fernsehen die von einer jungen Palästinenserin aufgenommenen Bilder ausstrahlen konnte, auf denen dokumentiert war, wie ein bereits gefesselter Palästinenser von einem Soldaten auf Anordnung des anwesenden Offiziers angeschossen wurde. Da Palästinenser bei jeder Ausreise – egal ob ins Ausland oder in das Kernland Israels – die Genehmigung des Militärs und des Sicherheitsdienstes benötigen, kann der Soldat an der Straßensperre oder Übergangsstelle gewissermaßen den allmächtigen Herrgott spielen. Auch wenn ein palästinensischer Student sein Studium an einer ausländischen Universität vorab mit der Besatzungsbehörde regelt, auch wenn die Behandlung eines kranken Palästinensers in einem israelischen Krankenhaus rechtzeitig koordiniert wurde, bedeutet dies keine Garantie gegen eine willkürliche, angeblich sicherheitsbedingte Entscheidung des Soldaten an der Übergangsstelle, den Reisenden oder seine Begleiter für unbestimmte Zeit festzuhalten oder nicht passieren zu lassen. Die an die Öffentlichkeit gelangten Vorfälle werden von der Militärpolizei meist mit wenig Eifer verfolgt und – wenn überhaupt – nur mit milden Strafen geahndet.

Wird bei Protestaktionen gegen die Besatzung der palästinensischen Gebiete demonstriert, zeigt das Militär seine Zähne. Ein beliebtes Mittel ist es, das Aufmarsch- oder Demonstrationsgebiet per Dekret als »militärische Sperrzone« zu deklarieren. Geht die Demonstration weiter, wird sie mit Gewalt beendet. Jede Woche finden in der Nähe der palästinensischen Dörfer Bil'in und Na'alin Demonstrationen gegen die durch den Bau der Trennmauer entstehenden Enteignungen statt. Dort greift das Militär mit Tränengas, Gummigeschossen und Granaten ein. Die Gewaltbereitschaft des Militärs richtet sich in diesen Fällen nicht nur gegen Palästinenser, nicht nur gegen ausländische Demonstranten, sondern auch gegen linke Israelis, die an den Demonstrationen teilnehmen. Die Grenzen der Gewaltanwendung werden somit verwischt, die gesamte israelische Gesellschaft ist mittlerweile betroffen.

Eigentlich hätte man erwarten dürfen, dass das Militär am ehesten für den Frieden eintritt, um solchen Aufgaben und damit verbundenen Unannehmlichkeiten ein Ende zu bereiten. Doch die Mentalität des Militärs schließt eine derartige Absicht aus. Man ist stets vor dem Feind – sei es der Iran oder seien es die Palästinenser – auf der Hut. Es sind Feinde, die man auf jeden Fall und zu jeder Zeit bekämpfen muss. Also geht die Arbeit weiter. Man bezeichnet die genannten Mängel als punktuell und korrigierbar und investiert in die Verbesserung des Überwachungssystems, gibt den Frieden aber als illusionär auf. Wie gesagt, ist das Militär nicht homogen. Vor allem Berufssoldaten, nationalreligiöse und ultraorthodoxe Kräfte im Militär repräsentieren eine Tendenz, die den Frieden verhindert. Die gemäßigte Mehrheit hofft auf einen ruhigen *Status quo*; die Fanatiker warten auf eine Explosion, die den Traum von »Ganz-Israel« verwirklichen wird.

4. Israels Geiseln

Es sind also verhältnismäßig kleine Kreise der israelischen Gesellschaft, die das Land in Schach halten bzw. als Geisel benutzen und die Angst vor dem Frieden schüren; denn allein der Versuch, Frieden zu schaffen, ruft in diesen Gruppen immer einen heftigen Widerstand hervor. Einen Widerstand, der für die Mehrheit der Bevölkerung gefährlicher und unerträglicher zu sein scheint als die Fortsetzung des *Status quo* oder selbst als die Beschleunigung des *Circulus vitiosus* der Schläge und Gegenschläge, die Israel mit seiner Umgebung austauscht. Im Gegenzug leisten nicht nur Palästinenser, sondern auch andere in der Region Beiträge zu diesem Beschleunigungsprozess, wodurch wiederum der Fatalismus bei den Israelis zusätzlich gesteigert wird und die Angstmacher in Israel ihre Absichten umso effektiver durchsetzen können.

Aber die genannten Gruppierungen halten mit der gleichen Taktik der Verbreitung von Angst und Unsicherheit auch Kräfte außerhalb Israels in Schach, die zu Geiseln ihrer Politik und ihrer Vision werden: nämlich zunächst die Diasporajuden, dann den sogenannten Westen, und schließlich wird das globale Shoah-Trauma gegen Friedensversuche instrumentalisiert.

Diasporajuden

Die Gründung des Judenstaates Israel im Jahr 1948 galt im Selbstverständnis seiner jüdischen Einwohner als ultimative Lösung der sogenannten Judenfrage: Für die in der Diaspora lebenden diskriminierten und verfolgten Juden sei endlich ein sicherer Zufluchtsort geschaffen worden, hieß es. Die Förderung der *Aliyah*, also des »Aufstiegs ins Land«, wurde sehr schnell zur Hauptaufgabe der zionistischen Bewegung, nachdem das bisherige Ziel, die Gründung eines Judenstaates, erreicht worden war. Zugleich musste ein mögliches alternatives Ziel, nämlich eine Mustergesellschaft für die ganze Welt zu werden, *ad calendas graecas* verschoben werden. Diasporajuden sind also in der Vorstellung der Israelis nichts anderes als potenzielle Staatsbürger Israels. Je länger sie in der Diaspora verbleiben, desto eher werden sie zu Verrätern an der zionistischen Sache oder zu »Drückebergern«. Und tatsächlich hat es die zionistische Propaganda, hat es die auf Juden im Ausland gerichtete israelische Politik auf diesem Weg geschafft, bei vielen Diasporajuden entsprechende komplexe Schuldgefühle hervorzurufen.

Derartige Schuldgefühle sind neben der Aufforderung zu einem verständlichen Stolz auf den Judenstaat und dessen Erfolge oder dem Appell an ihr Selbstverständnis als Angehörige einer jüdischen Schicksalsgemeinschaft ein brauchbares Mittel, um die Unterstützung der Diasporajuden für den Staat und vor allem für seine Vorgehensweise und Politik zu gewinnen. Solange Diasporajuden nicht nach Israel einwandern, müssen sie sich für diesen Staat und gegen seine Feinde dort einsetzen, wo sie leben. Der einfachste Weg, diesen Einsatz zu leisten, war von Anfang an die finanzielle Unterstützung Israels. Die Spenden-Industrie für Israel wurde so zu einer Art Indulgenz oder Lösegeldzahlung. Lange Zeit war die Situation dieses von beiden Kollektiven eingegangenen paradoxen *Modus vivendi* für Israel trotz des inhärenten Widerspruchs von erheblichem Vorteil. Vielleicht hat der israelische Satiriker Ephraim Kishon übertrieben, als er seinerzeit meinte, Israel sei weltweit der einzige Staat, der durch ausländische Steuergelder finanziert werde. Aber die Tendenz war und ist: Kapital zu schlagen aus den Schuldgefühlen der Diasporajuden und aus dem Vorwurf, während des Zweiten Weltkrieges zu wenig für die Rettung der europäischen Juden getan zu haben. Nicht nur der Staat als Ganzes, sondern auch Universitäten, Krankenhäuser, Museen, Siedlungen, Vereine und viele andere israelischen Einrichtungen und Institutionen bemühen sich auf Grundlage dieser Argumentation um Spenden.

Sind Diasporajuden mit Schuldgefühlen beladen oder bereit, für das in ständiger Gefahr schwebende Israel Verantwortung zu übernehmen, können Geldspenden nur einen Teil der wechselseitigen Beziehungen ausmachen. Da sich Israel in den letzten zehn Jahren wirtschaftlich weitgehend aus der Abhängigkeit ausländischer Unterstützung lösen konnte, verlagerte sich der Schwerpunkt deutlich auf die Forderung, vornehmlich im politischen Bereich auf der Seite des Staates zu stehen und diesen im Ausland entsprechend zu repräsentieren. Israel erwartet von Diasporajuden und ihren Gemeinden einen engagierten Einsatz für die israelische Politik und intensive Aktivitäten als einflussreiche Interessengruppe. Die außerordentlich starke pro-israelische Lobby in den Vereinigten Staaten AIPAC (The American Israel Public Affairs Committee) gilt als aggressivste und erfolgreichste Interessengruppe in diesem Bereich überhaupt, wie John Mearshheimer und Stephan Walt in ihrem 2006 erschienenen Buch *Die Israel-Lobby* ausführlich und kritisch schildern. Aus der großen und sicheren Entfernung erlaubt sich AIPAC eine noch radikalere »pro-israelische«, also rechtsradikale Haltung als die Israelis vor Ort. Aber auch Repräsentanten jüdischer Gemeinden in anderen Ländern, unter anderem in Deutschland, stellen sich nahezu automatisch auf die Seite der israelischen Politik. Sie tun das selbst dann, wenn die öffentliche Meinung in dem Land, in dem sie leben, der israelischen Politik in dem betreffenden Punkt eher reserviert oder abgeneigt gegenübersteht und dazu selbst in Israel kritische Stimmen laut werden, wie zum Beispiel während des Zweiten Libanonkrieges oder des Gazakrieges. Abweichende Stimmen innerhalb der jüdischen Gemeinden hält die israelische Regierung in der Regel nicht für legitim, sie werden vielmehr als verräterischer Dolchstoß gegen die israelische, also jüdische Sache bewertet. Die offizielle israelische Reaktion auf die neue jüdische Lobby *J Street* in Amerika, die pro-Israel und pro-Frieden ist, sich also für eine Verständigung zwischen Israel und Palästinensern in Form der Zwei-Staaten-Lösung einsetzt, fiel deutlich aus: Der Botschafter der Netanyahu-Regierung in den USA nahm an dem ersten landesweiten Treffen dieser Gruppe im Oktober 2009 nicht teil und begründete dies mit der Ansicht, die Gruppe stehe nicht vorbehaltlos hinter der offiziellen Politik Israels; er verstehe unter einer »pro-Israel«-Haltung etwas anders als die *J-Street*-Führung. Als *J-Street*-Aktivisten zusammen mit einigen Kongressabgeordneten Anfang 2010 nach Israel zu Besuch kamen, wurden sie vom stellvertretenden Außenminister Ayalon schlichtweg boykottiert. Das israelische Parlament ging sogar so weit, die Aktivitäten des hauptsächlich durch »Fund-Raising« im Ausland finanzierten

Neuen Israel Fonds *(New Israel Fund)* zur Unterstützung von Menschenrechtsorganisationen im Lande wie Adalla (Verein zum Schutz der arabischen Minderheit in Israel), Be'Zelem, Kav La'Oved (Verein zum Schutz der Fremdarbeiter), Verein zum Schutz der Bürgerrechte etc. zu verbieten. Der Unterschied zwischen Treue zu Israel und der bedingungslosen Unterstützung der Politik einer bestimmten israelischen Regierung wird in solchen (und anderen) Fällen nicht mehr respektiert. Dieser Logik entsprechend ist eine indifferente oder ablehnende Haltung gegenüber der israelischen Politik mit einem Verzicht auf die Sicherheit Israels und sogar mit einem Verrat am Judentum gleichzusetzen. Hier sind die Diasporajuden in eine Geiselsituation geraten, die bisweilen, wie im Fall des Anschlags auf das Kulturzentrum der jüdischen Gemeinde in der argentinischen Hauptstadt Buenos Aires 1994, mit verheerenden Folgen einhergeht. Das ist ein Umstand, den die israelische Regierung wie auch die jüdischen Geiseln immer wieder zu verdrängen versuchen.

Der Erfolg dieser Erpressungs- bzw. Geiselnahmestrategie beruht nicht zuletzt auf der traditionellen jüdischen Parole »Juden bürgen füreinander«, wobei der Slogan mit dem in Israel erzeugten Eindruck verquickt wird, dass ein Frieden im Nahen Osten ohnehin unerreichbar sei und die Gegner der Juden in Israel und in der Welt ohne jeden verständlichen Grund allein auf ihre Chance lauern, Israel zu vernichten. Auch das Stockholm-Syndrom liefert einen Erklärung für den Erfolg der Strategie: Der Begriff wurde geprägt für das Phänomen, dass Opfer zu ihren Geiselnehmern ein positives emotionales Verhältnis aufbauen, mit ihnen sympathisieren und zusammenarbeiten, ja sich solidarisieren. Da das Argument der israelischen Politik – es gäbe keine Chance für den Frieden, denn Palästinenser, Araber und Muslime allgemein seien ewige Stolpersteine auf dem Weg zum Frieden – zunächst überzeugend zu klingen scheint, kooperieren die Geiseln bis jetzt willig. In einem Land wie Frankreich, wo die muslimischen Immigranten aus Nordafrika eine ernste Herausforderung für die Gesellschaft insgesamt und teilweise speziell für die etwa 700 000 Personen zählende jüdische Gemeinschaft sind, ist das Gefühl der Zugehörigkeit zum Kollektiv der von Muslimen bedrohten Menschen noch leichter heraufzubeschwören als in Mittel- oder Osteuropa; dies wurde insbesondere nach dem 11. September 2001 oder den Unruhen in französischen Städten im Oktober 2005 deutlich. Die Versöhnung mit einer harten antimuslimischen oder gegen die Hamas gerichteten Politik Israels scheint in einem solchen Kontext nur konsequent zu sein.

Da Israel sich, wie gesagt, immer stärker als jüdischer Staat im religiösen Sinne versteht, kann es seinen Vorteil im Vergleich zum Judentum in der Diaspora noch stärker ausbauen. Es präsentiert sich als verlässlicher Garant nicht nur gegen Antisemitismus, gegen die falsche, emanzipatorische Lösung der »Judenfrage«, sondern auch gegen die Assimilation der Juden – in Israel selbst, aber auch in der Diaspora. Israel sieht sich als Retter des Judentums, als Verkörperung der Religion und Kultur eines Judentums, das in der Diaspora vermeintlich im Prozess der Assimilation verlorenzugehen scheint. Mit Hilfe der *Jewish Agency* versuchen die zionistische Bewegung und Israels Regierungen im Zeichen des Erhalts von »jüdischem Volkstum und Identität« (sic!) gegenzusteuern. Die Abteilung für jüdische Erziehung in der Diaspora, die der *Jewish Agency* angegliedert ist, organisiert Reisen nach Israel, Kurse mit israelischen Lehrern im Ausland oder auch Begegnungen zwischen jungen Juden und Jüdinnen, um »Mischehen« vorzubeugen. Eigentlich müsste es Zionisten und ihrem Staat ganz gleichgültig sein, was mit Juden geschieht, die weiterhin in der Diaspora leben und die »richtige« Lösung der Judenfrage ignorieren. Allerdings ist man an der Einwanderung aus der Diaspora, vor allem jedoch an der Abhängigkeit der Diasporajuden und an der damit verbundenen Unterstützung für Israel und dessen Politik interessiert. Also hält man an dem Bemühen fest, die Diaspora vor der Assimilation zu bewahren, die Diasporajuden im Sinne des heutigen Zionismus zu erziehen und sie als Interessengruppen in ihren jeweiligen Ländern zu gewinnen.

Die skizzierte Taktik stieß im letzten Jahrzehnt auf neue Schwierigkeiten, denn das Leben in der Diaspora gilt zunehmend als wesentlich attraktiver als das Leben in Israel. Die Zahl der neuen *Olim*, der »Aufsteiger«, also der Einwanderer nach Israel, ging Jahr für Jahr stark zurück, während die Zahl der *Yordim*, der »Absteiger«, also der Abwanderer aus Israel, stetig zunahm. Der Überschuss der Einwanderer, insbesondere der aus Amerika, ist dahingeschwunden. Im Jahr 2004 wanderten insgesamt circa 21 000 Menschen ein, 10 Prozent weniger als 2003, während 2008 nur noch 13 700 Einwanderer kamen. Diese Zahlen sind präzedenzlos gering, auf jeden Fall sind sie niedriger als die Zahl der Abwanderer im gleichen Zeitraum. Mittlerweile scheint der Trend schwer umkehrbar. Absurderweise ist die Gruppe der Abwanderer emotional noch stärker erpressbar als die der ursprünglichen Diasporajuden – schon der Begriff *Yordim* deutet auf die negative Bewertung der Abwanderung als eine Art von Verrat hin. Viele Israelis, die das Land verlassen, sind qualifizierte Leute bzw. sogar Akademiker. Sie werden an amerikanischen oder englischen Universitäten tätig, wo sie oft mit einer äußerst kritischen Haltung gegenüber Israel konfrontiert werden. Sie sind in doppelter Hinsicht Geiseln der israelischen Situation – als *Yordim* und als Akademiker in einem liberalen, postkolonialen Milieu. Oft ist die Abwanderung daher von einer Art »innerer Emigration« begleitet – man distanziert sich von Fragen der Politik und konzentriert sich einzig und allein auf Familie und Karriere. Doch ein erheblicher Teil der Abwanderer spielt das Spiel mit und äußert sich zur israelischen Politik, wie es von ihnen als moralisch korrekt in Israel erwartet wird.

Der rechtsradikale Außenminister Lieberman hat diese Erwartungen unmissverständlich formuliert. Nach Vorstellung von Minister Lieberman und seinem Stellvertreter Ayalon haben Juden vor dem *Paritz* – so heißt der polnische Gutsherr (der in der jüdischen kollektiven Erinnerung eine besondere Rolle spielt) auf Hebräisch – nicht »zu kriechen«. Verlangt wird eine stolze, aufrechte Haltung, die identisch ist mit Unnachgiebigkeit gegenüber anderen Mächten, egal ob gegenüber dem Feind Iran oder dem Freund Türkei, und erst recht gegenüber Palästinensern oder Syrern. Äußerungen über Kompromissbereitschaft und offene Kritik an Israel im Ausland werden als Selbstaufgabe und »Kriecherei«, als Verrat gebrandmarkt. Davor haben Diasporajuden in der Regel mehr Angst als vor einer Fortsetzung des Konflikts im fernen Nahen Osten.

Der Westen

Israel entstand in einer einmaligen Situation: Der »Kalte Krieg« war 1948 schon in seiner Anfangsphase, dennoch haben sowohl die Vereinigten Staaten als auch die Sowjetunion den neuen Staat sofort anerkannt. Europa zog mit, obwohl es seine guten Beziehungen zur arabischen Welt nicht riskieren wollte. Die Nachfolgestaaten des früheren »Dritten Reiches« – die Bundesrepublik, die DDR und Österreich – gingen in dieser Beziehung aus historisch bekannten Gründen ihren jeweils eigenen Sonderweg. Österreich konnte sich als Opfer des Dritten Reiches darstellen und und eröffnete seine Botschaft in Tel Aviv bereits im Jahr 1956; die Bundesrepublik Deutschland verstand sich als Alleinvertreterin des deutschen Volkes, nahm aber mit Israel erst 1965 diplomatische Beziehungen auf, während die DDR mit ihrem Bekenntnis zum doktrinären Kommunismus mit Israel bis 1990, also praktisch bis zu ihrem Ende, keinerlei diplomatische Beziehungen unterhielt.

Seit seiner Entstehung zählte der Staat Israel zur westlichen Welt, auch wenn bis 1977 alle Regierungen von der Arbeitspartei angeführt wurden. Spätestens seit den 1980er-Jahren gehört Israel zu den technisch hoch entwickelten, wissenschaftlich fortgeschrittensten, wirtschaftlich reichen und neoliberalen Gesellschaften, also zur ersten Riege der westlichen Welt. Nachdem die arabischen Staaten meist den Anschluss an das Lager der Sowjetunion oder an Länder des neutralen Blocks gefunden hatten, war Israel nicht nur, wie ursprünglich vorgesehen, zu einem Vorposten Europas im Nahen Osten geworden, sondern auch – obwohl es kein NATO-Mitglied war – zu einem Außenposten der westlichen Welt im »Kalten Krieg« und später im »Kampf der Kulturen bzw. der Zivilisationen«. Einen Alliierten und Bündnispartner aber setzt man nicht gern unter Druck, ein Umstand, den Israel immer wieder erfolgreich ausnutzte – im Laufe der Zeit und gewiss in den letzten 15 Jahren immer schrankenloser –, um eine oft eigensinnige Politik zu betreiben, die dem Westen, vor allem der dortigen öffentlichen Meinung, anstößig erschien. Die Siedlungspolitik Israels halten alle westlichen Staaten für illegitim. Israel weiß aber, dass aus dieser negativen Einstellung praktisch keine weitgehenden Konsequenzen gezogen werden. Das automatische Veto der USA in den Versammlungen der Vereinten Nationen schützt Israel vor Sanktionen. Israel hat zweifellos die Atombombe, doch der auch im Westen geäußerte Wunsch, den Staat in den Vertrag zur Nichtverbreitung von Nuklearwaffen (NPT) einzubinden, wird ignoriert. In dieser Hinsicht dem Westen – als Gegenleistung für dessen antiiranische Haltung im Streit um die Atompolitik der Islamischen Republik – entgegenzukommen wird in Israel nicht erwogen. Israel will nicht nachgeben. Um Protesten aus dem Westen vorzubeugen, greift die Regierung auch zu dem Argument, das israelische Atomwaffenarsenal sei die Garantie gegen eine Wiederholung der Shoah, die im Fall der Anwendung der A-Waffe durch den Iran eintreten könnte. Da die Last der Shoah die Bewegungsfreiheit des Westens einschränkt, ist dieses Argument äußerst effektiv, wobei die Frage nach weniger bellizistischen Alternativen in den Hintergrund gedrängt wird.

In den ersten Jahren nach der Staatsgründung konnte man tatsächlich davon ausgehen, dass die israelische Gesellschaft im Grunde eine europäische Gesellschaft ist, da 90 Prozent der israelischen Juden zunächst aus Europa gekommen waren. Das hat sich jedoch inzwischen radikal geändert: Siedelten sich bis Ende der 1960er-Jahre mehrheitlich Juden aus Nordafrika und dem Mittleren Osten in Israel an, so kamen mit einer weiteren Masseneinwanderung in den 1990er-Jahren etwa eine Million Menschen aus Osteuropa, das damals keineswegs zum Westen zählen konnte. Doch noch immer versteht sich die israelische Kultur eher als Erbin und damit als Teil der europäischen, weniger der orientalischen Kultur. Dass Israel UEFA-Mitglied ist oder am Grand Prix und Eurovision Song Contest teilnimmt, wird auch als Beweis für seine Anbindung an den Westen gewertet. In den mehr als 60 Jahren seiner Existenz wurde der Begriff der westliche Kultur jedoch immer stärker mit amerikanischer Kultur assoziiert. Über diesen Umweg konnten sich auch Gruppen der israelischen Gesellschaft ohne familiäre Wurzeln in Europa als westlich orientiert verstehen und als dem Westen zugehörig definieren. Seit 1977 ist zudem das sozioökonomische Vorbild mehr das neoliberale Amerika als die mitteleuropäischen Sozialstaaten. Es ist also paradox, dass Israels Anspruch auf Zugehörigkeit zum Westen im Laufe der Jahre immer stärker wurde, obwohl die israelische Gesellschaft, rein demografisch gesehen, weniger als früher ihre Wurzeln im Westen hat. Im Rahmen dieser Zugehörigkeit erwartet Israel von Europa und den Vereinigten Staaten weiterhin Verständnis für seinen Umgang mit den Nachbarn. Nach dem Sechstagekrieg von 1967, der als Teil der Ost-West-Auseinandersetzung im »Kalten Krieg« galt, hat der Westen nichts gegen die sich in die Länge ziehende Besatzung unternommen. Die UN-Resolution 242, die zum Rückzug aus den besetzten Gebieten aufrief, war praktisch nicht mehr als ein Alibi. Nach dem Ende des »Kalten Krieges« sah Israel die Irakkriege von 1991 und 2003 als Ost-West-Kriege im Kontext des Konflikts der Zivilisationen, bei dem es auf der Seite des Westens stand, und forderte dafür entsprechende Belohnung ein. Seit dem Attentat vom 11. September 2001 auf das World Trade Center in New York versteht sich Israel überhaupt als Grundstein der westlichen, judäo-christlichen Zivilisation. Gemeinsam mit einem nun zum Kampf gezwungenen westlichen Lager steht es einen Konflikt durch, der keine Illusionen vom Frieden mehr zulassen kann. Da hält es der rechte Flügel der israelischen Politik für selbstverständlich, dass man Israel sogar in seiner Palästinapolitik unterstützt. In einer Zeit, in der George W. Bush, Tony Blair, Jacques Chirac, Nicolas Sarkozy, Angela Merkel und Silvio Berlusconi den Westen führten oder führen, ist diese Erwartung realistisch. Die Gemeinsamkeiten, die Vergangenheit, gerade im Hinblick auf die Shoah, der im islamischen Terror ausgemachte gemeinsame Feind oder die gemeinsame Zukunftsperspektive von Kampf, Krieg und Sieg werden heraufbeschworen, um dem Begriff des Westens einen klaren Inhalt zu verleihen. Und noch entscheidender: Identifiziert man den Westen mit dem Begriff der Demokratie, so gehört Israel, »die einzige Demokratie im Nahen Osten«, in das demokratische, also westliche Lager. Da kann man Israel doch nicht boykottieren, ermahnen oder gar kritisieren. Die nahöstliche Variante des Silicon Valley, die Expertin im Kampf gegen Terroristen, wie sie jeder normale Tourist bei seiner Ankunft im Ben-Gurion-Flughafen beim *Profiling* kennenlernt, kann die Angst vor einem Frieden gut begründen und den Westen davon abhalten, praktische Maßnahmen zu ergreifen, um trotz alledem Frieden zu schaffen.

Gerade weil man sich zum Westen zählt, sind rechtsorientierte israelische Akademiker so überrascht, dass sich an den Universitäten im Westen eine starke Reserviertheit gegenüber der israelischen Politik verbreiten konnte. Dafür werden die Muslime an diesen Universitäten und die linken Israelis verantwortlich gemacht und angegriffen. In der Folge entstand 2004 der *Israel Academia Monitor* zum Kampf gegen antiisraelische Aktivitäten israelischer Akademiker, die angeblich dem Ruf Israels im Westen schaden. Denn diese Stimmen der Akademiker in Amerika oder England, die selbstverständlich nicht alle die Zerstörung Israels verlangen, könnten vielleicht die Boten einer neuen Zeit sein, in der die Geiselnahme des Westens durch Israel nicht mehr funktioniert. Der *Israel Academia Monitor* erspart sich die Frage, ob nicht eher die Idee, den Wert eines jüdischen Staates in Israel höher zu setzen als den eines demokratischen Staates als Staat aller seiner Bürger, den Ruf Israels als Partner des Westens ruiniert.

Das Shoahgedächtnis

Die lange Geschichte der Feindschaft gegen Juden, seit 1879 Antisemitismus genannt, diente dem Zionismus zunächst als prinzipielle Rechtfertigung seiner Idee einer »Lösung der Judenfrage« und dann zur Begründung der Existenz des Staates Israel. Während andere Nationen auf das nationale Selbstbestimmungsrecht der Völker oder auf historische Rechte verweisen, betont Israel – über die Definition des Judentums als Nation mit Selbstbestimmungsrecht hinaus – entweder, wie oben erwähnt, die biblische Landverheißung oder alternativ die Geschichte des Antisemitismus, der Diskriminierung und der Verfolgung von Juden in der langen Zeit der *Galut*, des Exils, als Hauptgrund für die Existenz des Judenstaates. Die Shoah gilt als absolutes und ultimatives Argument, nicht nur im Hinblick auf das Existenzrecht, sondern auch hinsichtlich der Politik Israels, mitunter sogar hinsichtlich spezifischer Praktiken oder Aussagen der israelischen Regierung. In der westlichen Welt ist die Empfindlichkeit im Zusammenhang mit Antisemitismus und Shoah im Laufe der Zeit immer größer, der Hinweis auf beide Phänomene in funktionalisierender Absicht daher immer effektiver geworden. Im »Wettbewerb der Opfer« stehen Juden, vielleicht sogar mit Recht, ohnehin – mit oder ohne Shoah – ganz oben auf der Skala, was es Israel ermöglicht, diesen Hinweis effizient einzusetzen und auszunutzen.

Kein normaler Mensch wird bestreiten, dass die Shoah ein präzedenzloses Ereignis in der langen Geschichte der Unmenschlichkeit war, das tiefe Spuren in der Nachwelt hinterlassen musste. Die Vorstellung eines Auswucherns dieser Spuren in einer Holocaust-Industrie, die Norman Finkelstein so populär wie umstritten machte, geht bestimmt zu weit. Ebenso absurd ist der Versuch, Israels Existenzrecht zu bestreiten; denn eine Diskussion um das Existenzrecht von Staaten, auch wenn sie spät entstanden sind, wird ansonsten – wenigstens seit 1990 und dem Zerfall der DDR – nicht mehr geführt (von dem eher unbedeutenden Kosovo abgesehen). Doch von einer Instrumentalisierung oder gar einem manchmal zynischen Umgang mit der Geschichte des Antisemitismus und der Shoah kann und darf gesprochen werden, wenn man sich mit der israelischen Gesellschaft und Politik befasst.

Die Aktivitäten des von der israelischen Regierung eingesetzten »Forums zur Koordinierung des Kampfes gegen den Antisemitismus« scheinen neutral und sachlich zu sein. In diesem Gremium werden Jahr für Jahr Berichte aus aller Welt gesammelt und ausgewertet, Aufsätze geschrieben, Beratungen abgehalten. Historiker und Sozialwissenschaftler verleihen der Arbeit akademische Autorität. So weit, so gut. Aber die eigentliche Aufgabe des Forums – wie auch das tatsächliche Bestreben der Institute für Antisemitismusforschung an den

Universitäten von Jerusalem und Tel Aviv, die darin vertreten sind – ist es, den Eindruck zu bestätigen, der Antisemitismus befinde sich im Aufschwung und Israel als Ganzes sei sein Hauptobjekt. In Israel betont man heute gern den vermeintlichen Unterschied zwischen einem »klassischen« Antisemitismus, der sich gegen Juden in der Diaspora richtet, und einem »neuen« Antisemitismus, der Israel als Judenstaat im Auge hat. Obwohl es in verbalen Angriffen gegen Israel, auch in vermeintlich gut gemeinter Kritik sicher sehr oft starke antisemitische Untertöne gibt und auch antisemitische Stereotype aktiviert werden, ist es zumindest übertrieben, wenn nicht ein Irrtum, zu glauben, hier eine neue Gattung von Antisemitismus entdecken zu können. Bereits der »alte« Antisemitismus, ja selbst der Antisemitismus des Dritten Reiches ging davon aus, dass ein eventueller Judenstaat kein normaler Staat, sondern die Zentrale einer jüdischen Weltverschwörung sein werde – der NS-Ideologe Alfred Rosenberg veröffentlichte hierzu die Broschüre *Der staatsfeindliche Zionismus*.

Israel ist mittlerweile Realität und versteht sich als Judenstaat, sogar als jüdischer Staat. Antisemiten haben also kein Problem, ihre antijüdischen Vorurteile auch auf Israel zu projizieren. Aus dem Selbstverständnis des Staates resultiert zugleich die unvermeidbare Reaktion von außen, auf Israel im jüdischen Kontext zu reagieren, ohne unbedingt antisemitische Vorurteile heraufbeschwören zu wollen. Das Selbstverständnis des Judenstaates macht somit nicht nur Juden in der Diaspora, sondern die gesamte jüdische Geschichte zur Geisel. Eine Kritik an Israel, an der Politik oder der Regierung beziehe sich immer, so meint man, zumindest indirekt auf den jüdischen Charakter des Staates und seiner Politik. Diese Gedankenkette führt wiederum dazu, dass gegenwärtig in Israel *jegliche* Kritik als Antisemitismus ausgelegt wird. Prinzipiell ist also die Zwickmühle bereits mit der Bezeichnung »Judenstaat« gegeben. Aber die betont »jüdische« Politik und die bereits oben angesprochene Tendenz zur Identifizierung von Jüdisch und Religiös-Orthodox leistet dieser Tendenz Vorschub und verschafft der entsprechenden Reaktion eine zusätzliche Dimension. Im Juli 1994 wurde, wie bereits erwähnt, das jüdische Gemeindezentrum in Buenos Aires zum Ziel eines mörderischen Attentats, das wohl von der libanesischen Hisbollah und dem Regime im Iran als Rache für die »Liquidierung« des Hisbollah-Führers Mussawi durch israelische Streitkräfte verübt wurde. Das war das radikalste Beispiel dafür, dass in der arabischen oder muslimischen Welt die Trennlinie zwischen Israel und Juden in der ganzen Welt spurlos verschwunden ist. Terroranschläge gegen Synagogen und jüdische Gemeindeeinrichtungen wie im tunesischen Dscherba im April 2002 oder in der Türkei im November 2003 mit mehr als 20 Toten, davon 9 Juden, die vermutlich von einer der El Kaida nahestehenden Gruppe verübt wurden, sind weitere Beweise für diese Grenzüberschreitung.

Israel, das als Garant gegen die Verfolgung von Juden gedacht war, wurde im Laufe der Zeit zum Risikofaktor für Juden außerhalb Israels. Die Verantwortung für die Anschläge lastet selbstverständlich auf den Terroristen. Aber die israelischen Politiker hätten zumindest begreifen müssen, dass Juden im Ausland indirekt zu Geiseln des Konflikts zwischen Israel und seinen Gegnern geworden sind. Dieser Fakt hätte die israelischen Politiker zur äußersten Vorsicht im Umgang mit Israels Problemen veranlassen müssen. Stattdessen betreibt Israel eine unvorsichtige oder auch rücksichtslose Politik, die das Leben von Juden in der Diaspora beeinträchtigt.

Das wiederum wird aus israelischer Perspektive nicht unbedingt als Fehler gewertet, weil entsprechende Vorfälle eben zu bestätigen scheinen, was stets behauptet wird: Antisemitismus und Israel-Feindschaft sind ein und dasselbe. Die logische Schlussfolgerung – dass nämlich die Chancen für derartige Vorfälle größer werden, solange Israel mit seinen Nachbarn nicht in Frieden lebt – wird nicht gezogen. Oder hat man Angst davor, dass mit dem Frieden der Antisemitismus abnimmt und damit ein wichtiges Argument für die zionistische Lösung bzw. für Entscheidungen der israelischen Regierung wegfällt?

Die Diskussion um die Frage, ob Antizionismus gleichzusetzen ist mit Antisemitismus, wird schon längere Zeit geführt. Historiker konnten bisher gut zwischen Differenzen und Überschneidungen beider Phänomene unterscheiden. Sie gehen davon aus, dass die Kritik gegenüber Israel nur dort, wo sie sich antisemitischer Stereotype und Vorurteile bedient, antisemitisch ist. Doch ist es auf dem Hintergrund der Empfindlichkeit sowohl von Juden als auch der globalen Gesellschaft – zumindest der christlichen Welt – dem Antisemitismus gegenüber nützlich, wenn man auf jede Kritik am israelischen Verhalten mit dem Vorwurf des Antisemitismus reagieren kann. Da vor allem in der arabischen und muslimischen Welt in der Auseinandersetzung mit Israel antisemitische Argumente übernommen und eingesetzt werden, erhält dieser Abwehrmechanismus zusätzliche Effizienz. Und hier schließt sich der Kreis: Der Zionismus unterstreicht den jüdischen Charakter Israels; Israels Verhalten erzeugt Kritik; diese Kritik, vor allem von unmittelbar am Konflikt mit Israel Beteiligten, enthält antisemitische Komponenten – ergo ist eine antiisraelische Haltung und Kritik an Israel nichts anderes als eine besondere Form des Antisemitismus. Ein anständiger Mensch muss demnach – so verlangt es die israelische Grundhaltung – jede Kritik an Israel vermeiden, wenn er nicht als Antisemit gelten möchte. Diese Erwartungshaltung wird insbesondere Menschen in Deutschland entgegengebracht. Hier handelt es sich unserer Ansicht nach um ein Beispiel von Missbrauch. Darüber hinaus wird hier praktisch »das Kind mit dem Bade ausgeschüttet«: Dort, wo tatsächlich Israelkritik von Antisemitismus durchsetzt ist, wird das nicht mehr beachtet, weil man ohnehin entweder Antizionismus pauschal als antisemitisch bezeichnet oder ebenso pauschal nicht.

Die Beschäftigung mit Antisemitismus und Shoah, vor allem mit Leugnern der Shoah, spielt sich also auf zwei Ebenen ab. Einerseits versucht man, den »klassischen« Antisemitismus als steigende Gefahr darzustellen – was den durchschnittlichen Israeli davon überzeugen soll, dass Israel mehr denn je der einzige sichere Zufluchtsort für Juden ist –, und andererseits werden die gegen Israel gerichteten kritischen Stimmen im Ausland als antisemitisch diskreditiert und delegitimiert.

Der Eindruck, der »klassische« Antisemitismus sei virulent geblieben, ist aber wahrscheinlich trotz aller Bemühungen von offizieller Seite im Land nicht ausreichend verbreitet. Ansonsten hätte sich die Abteilung für Gesellschaft und Jugend im Bildungsministerium nicht im Jahr 2005 zum Ziel gesetzt, »bei den Jugendlichen das Bewusstsein für die Präsenz des Antisemitismus im 21. Jahrhundert« zu wecken. Man entschied sich, hierfür den 27. Januar, den Tag der Befreiung des Konzentrations- und Vernichtungslagers Auschwitz, zu nutzen – einen Tag, der weltweit als Holocaust-Gedenktag begangen wird und auf den man in Israel seit Beginn des 21. Jahrhunderts als ergänzenden Gedenktag zum nationalen Shoah-Tag im April zurückgreift. Lehrer sind an diesem Tag aufgefordert, antisemitische Vorfälle aufzuzählen und zu schildern, um bei ihren Schülern das richtige Bewusstsein zu erzeugen. Schaut man aber auf die Liste der antisemitischen Vorkommnisse, die das Ministerium im Jahr 2005 übergeben hat, ist ein erzieherischer Erfolg kaum zu erwarten. Dort waren Lappalien vermerkt wie der Versuch von betrunkenen Russen, eine Synagoge in Brand zu stecken; die Schändung von Grabsteinen auf einem jüdischen Friedhof durch acht- bis zehnjährige Kinder; der Aufsatz eines schwedischen Studenten, der Juden vorwirft, die Medien zu beherrschen, oder die Beschädigung eines Chanukkah-Leuchters auf offener Straße im australischen Melbourne. Selbstverständlich sind auch derartige Vorfälle nicht zu bagatellisieren. Dass der Antisemitismus nicht von der Bildfläche verschwunden ist und es bisweilen gravierende antisemitische Exzesse gibt, wissen nicht nur Israelis. Ein Beispiel ist der Mord an dem jungen französischen Juden Ilan Halimi, der im Februar 2006 in Frankreich von einer Bande aus rassistischen Motiven zu Tode gequält wurde. Doch die gewünschte Schlussfolgerung, alle Juden müssten wegen des ultimativen Schutzes vor Antisemitismus nach Israel auswandern, zieht man in der Diaspora selbst aus derartig extremen Vorfällen nicht mehr.

Über das Bildungswesen, sowohl innerhalb als auch außerhalb von Schulen, zum Teil auch in den Medien wird weiterhin versucht, antisemitische Vorfälle so zu präsentieren, als ob »alle Welt gegen uns« – also gegen Juden – sei. Der israelische Filmemacher Yoav Shamir hat diese Tendenz in seinem Dokumentarfilm *Defamation*, der 2009 in die Kinos kam, auf den Punkt gebracht. Der Film zeigt u.a., dass die rege Aktivität der ADL *(Anti Defamation League)* Schützenhilfe für Israel ist und wirft grundsätzliche Fragen auf: Warum haben Juden und Israelis es nötig, immer und überall Antisemitismus zu wittern? Ist der Antisemitismus wirklich so gefährlich? Ist Israel ohne Rücksicht auf andere akute Fragen heute und auch in Zukunft noch die ultimative Lösung der »Judenfrage«? Und wird, da der Hinweis auf den gegenwärtigen Antisemitismus vornehmlich auf muslimischen Antisemitismus in Europa, Amerika und im Nahen Osten zielt, im Endeffekt der Angstfaktor akzentuiert und der Verdacht nochmals bestärkt, dass mit Muslimen, mit der Welt überhaupt kein Frieden und kein Auskommen möglich sind?

Offiziell heißt es, Israel existiere, um Juden vor Antisemitismus zu schützen. Vom Antisemitismus in der Diaspora verfolgte Juden können jederzeit nach Israel auswandern. Allerdings muss sogar die israelische Regierung offiziell zugeben, dass es zwischen den Ereignissen in und um Israel und der Intensität bzw. der Zahl antisemitischer Vorfälle weltweit einen Zusammenhang gibt. Das Koordinationsforum zur Bekämpfung des Antisemitismus konstatierte: 2006, also im Jahr des Zweiten Libanonkrieges, gab es in England so viele antisemitische Vorfälle wie seit 1984 – kurz nach dem Ersten Libanonkrieg – nicht mehr. Aus Frankreich wird über ein dramatisches Anwachsen des Antisemitismus im Zusammenhang mit dem Gazakrieg während des Jahreswechsels 2008/09 berichtet. Gleiches gilt auch für andere Länder. Das israelische Ministerium für Aufklärung (*Hasbara*) hat in seinem Bericht vom April 2009 festgestellt: Während in Osteuropa der Antisemitismus 2008 sogar zurückgegangen sei, habe es dort in den ersten 3 Monaten des Jahres 2009 so viele antisemitische Vorfälle wie im gesamten Vorjahr gegeben. Das Ministerium hat auch kausal analysiert, es bestehe ein Zusammenhang zwischen diesem sprunghaften Anstieg antisemitischer Ausschreitungen und dem Mitte Januar 2009 beendeten Gazakrieg. Doch die Schlussfolgerung, die israelische Politik habe damit die Diasporajuden wieder indirekt zu Geiseln gemacht, wollte man nicht ziehen. 2001 hieß es im Bericht zu Frankreich: Seit Oktober 2000 habe sich die Lage der französischen Juden dramatisch verschlechtert. Wohlgemerkt, im Oktober 2000 begann die El-Aksa-Intifada. Mit anderen Worten: Man gibt einen Zusammenhang zwischen den Dingen durchaus zu, ohne jedoch die Verantwortung für das Ergebnis dieser Korrelation zu übernehmen. Stattdessen betonen die Berichte des israelischen Aufklärungsministeriums die enge Zusammenarbeit zwischen der radikalen Linken und Muslimen oder »das Gewaltpotenzial, das sich in den muslimischen Gemeinden verbirgt«. Diese Interpretation der Lage zeigt deutlich, wie man den Antisemitismus aus der Sicht des israelischen Konsenses instrumentalisieren kann: Die Schuld liegt beim Islam und bei der Linken. Und da diese Kombination für den gesamten Westen typisch ist, gibt es für die Diasporajuden nur eine Hoffnung – Israel ohne Einschränkung zu unterstützen.

Der Antisemitismus, so heißt es weiter auf der Internetseite des Forums zur Bekämpfung des Antisemitismus, werde zusätzlich dadurch gestärkt, dass Menschenrechtsorganisationen in aller Welt dazu neigen, sich auf die Seite der Palästinenser zu stellen, als wären diese die schwachen und leidenden Opfer. Das ist eine höchst zweifelhafte und in sich widersprüchliche Hypothese, die aber ebenfalls von der gefährlichen Kombination von arabischer Welt, Islam und linken Positionen ausgeht.

Es sei noch einmal wiederholt: Obwohl die Meldungen und

Einschätzungen im Forum ursprünglich in der Absicht gesammelt wurden, zu zeigen, wie lebendig der Antisemitismus ist und welche Gefahr dadurch dem Diasporajuden droht, lassen die Berichte auch erkennen, dass der Konflikt, in den Israel verwickelt ist, für sie zum Risikofaktor geworden ist. Mit anderen Worten – Diasporajuden sind die Geiseln des Konflikts und der israelischen Politik, egal ob die Hauptschuld beim europäischen oder nahöstlichen Islam, bei den gegenüber Israel unfreundlich gesinnten Medien oder bei der Politik Israels selbst gesucht wird. Da aber die Sprecher der jüdischen Gemeinden im Ausland diesen Fakt nicht zugeben, kann man in Stellungnahmen aus Israel die Angst vor dem Frieden mit der Angst vor dem Antisemitismus verknüpfen. Dadurch wird einerseits das Einvernehmen zwischen Geiseln, sprich: Diasporajuden, und Geiselnehmer, also der israelischen Regierungspolitik, aufrechterhalten, andererseits aber auch die Auseinandersetzung mit den internen Geiselnehmern der israelischen Gesellschaft vermieden oder zumindest vorläufig verdrängt.

Die hier von uns vorgelegte Einschätzung ignoriert oder bagatellisiert keineswegs die eindeutig antisemitischen Motive und Inhalte der Angriffe gegen Juden und Israel. Wenn 2001 und 2002 in Frankreich auf 26 Synagogen Brandanschläge verübt wurden, wenn die Sprache der antiisraelischen Kritik eine antisemitische Sprache geworden ist (zum Beispiel Israelis als Brunnenvergifter, Blutsauger etc. bezeichnet werden), so handelt es sich ohne Zweifel um Antisemitismus. Dafür darf man keineswegs Israel verantwortlich machen. Dafür tragen eindeutig die Antisemiten die Verantwortung. Die Existenz eines antisemitischen Potenzials bei vielen Muslimen in Europa kann ebenfalls nicht wegdiskutiert werden. Aber gerade auf dem Hintergrund dieses Potenzials offenbart sich die israelische Politik als rücksichtslos und zynisch: Man kann damit rechnen, dass Kritik hervorrufende Schritte Israels dieses Potenzial im Gegenzug aktivieren werden, was wiederum die jüdischen Gemeinden dazu veranlassen wird, eine gemeinsame Front mit der israelischen Politik zu bilden und sich mit dem offiziellen Israel solidarisch zu erklären. In diesem Sinne sind Diasporajuden – ganz pauschal formuliert – Geiseln Israels und Werkzeuge der rechtsorientierten israelischen Politik.

Auf der zweiten Ebene der offiziellen Beschäftigung mit Antisemitismus und Shoah in Israel geht es um die bereits erwähnte Taktik der Diskreditierung jeder Israel gegenüber kritischen Stimme im Ausland als Antisemitismus und Leugnung der Shoah. Da man, wie gesagt, vom »neuen Antisemitismus« spricht, der auf Israel als Staat und Idee zielt, ist der Weg frei, nicht nur den prinzipiellen Antizionismus, sondern auch jede Kritik an Israels Verhalten automatisch als Antisemitismus zu bezeichnen. Kritische Stimmen werden in der Regel laut, wenn Israel besonders unbarmherzig mit seinen Gegnern umgeht – nach der Operation »Schutzwall« 2002, nach dem Zweiten Libanonkrieg 2006, nach dem Gazakrieg 2008/09. Gerade auf diese Kritik mit dem Vorwurf des Antisemitismus zu reagieren ist kontraproduktiv – es macht den Vorwurf des Antisemitismus auch dort unglaubhaft, wo er zutrifft. Da es zu einer konstanten Taktik Israels geworden ist, Kritik an Israel als Antisemitismus zu bezeichnen, besteht die Gefahr, dass auch dann, wenn die antiisraelische Haltung tatsächlich in eine antisemitische Variante, in eine Leugnung der Shoah übergeht – nicht nur im Fall des iranischen Präsidenten Ahmadinedschad, sondern auch bei Hugo Chávez, dem Präsidenten Venezuelas –, die Weltöffentlichkeit nicht mehr wachsam genug reagiert.

Egal ob man diese Taktik befürwortet oder nicht – eines dürfte deutlich geworden sein: Juden außerhalb Israels können sich von ihrer Rolle als Geisel nicht befreien. Man könnte sogar meinen, die Fortsetzung der Konflikte, an denen Israel beteiligt ist, sei Israel willkommen, weil diese Konflikte dazu dienen, die Abhängigkeit der Diasporajuden von Israel zu garantieren; denn deren Angst vor dem Vorwurf des Verrats an Israel ist, wie gesagt, größer als die Angst vor der Fortsetzung des Nahostkonflikts.

Ein Kapitel für sich ist der Missbrauch der Shoah. Siedler wissen nur zu gut, wie nützlich die Anspielung auf die Shoah sein kann. An die Gegner der Siedlungspolitik wie auch an die Palästinenser richten sie die Frage, ob allein die palästinensischen Gebiete »judenfrei« sein dürfen (als hätten sie dort für sich nur das Wohnrecht, nicht das Hoheitsrecht beansprucht). Arafat mit Hitler zu vergleichen – das tat bereits Ministerpräsident Begin. Efi Eitam sagte über Arafat: »Er ist ein Mörder. Worin liegt der Unterschied zu Eichmann?«, also sollte Arafat wie Eichmann hingerichtet werden. Die Shoah und das Bestreben, keine zweite Shoah zuzulassen, sind nicht nur Argumente für den Wunsch, alle Juden aus der Welt nach Israel »zurückzuführen«, oder das Ziel, effektiv gegen den Rückzug aus den besetzten Gebieten anzukämpfen – der bekannte Spruch von den 1967-Grenzen als »Auschwitz-Grenzen«. Für *Chabad-Chassidim* ist bereits die Assimilation innerhalb oder außerhalb Israels zumindest eine geistige Shoah. Für den ultrarechten Likud-Politiker Moshe Feiglin ist Israel als Ganzes ein Warschauer Ghetto im Kampf gegen die feindliche Welt – im existenziellen wie im geistigen Sinne –, so jedenfalls charakterisierte er es in einem Aufsatz anlässlich des orthodoxen Holocaust-Tages am 10. Tevet 5769 (Januar 2009).

Die Erwähnung der Shoah ist vor allem ein Mittel, um Angst zu erzeugen. Nach dem Irakkrieg 2003 war es nur eine Frage der Zeit, bis man begann, Iran als Ersatzdämon und neuen Schurken-Staat aufzubauen, als ultimative atomare Bedrohung, als Wegbereiter einer neuen Shoah, die diesmal nicht in Europa, sondern in Israel stattfinden sollte. Man interessierte sich wenig für die Frage, ob sich der Verdacht auf Vernichtungswaffen nicht wie im Fall Saddam Husseins als falscher Alarm erweisen könne, aber auch nicht für den Widerspruch zwischen dem Anspruch Israels, sicherer Zufluchtsort für die in der Diaspora gefährdeten Juden zu sein, und der Wahrscheinlichkeit einer Shoah *in* Israel. Da die Kette Iran-Hisbollah-Hamas bereits konstruiert wurde, gilt jedes ihrer Glieder als potenzieller Auslöser einer neuen Shoah.

Es sind aber nicht nur der Iran und sein Präsident Ahmadinedschad, die man – vielleicht auch nicht zu Unrecht – mit einer Shoah assoziiert, sondern auch die Palästinenser. Die oben bereits erwähnte Kooperation zwischen dem Großmufti von Jerusalem Haj Amin al-Husseini und Hitler ist allzu bekannt. Daraus zieht man nicht nur die Schlussfolgerung einer pauschalen arabischen Schuld an dieser Kooperation im Zweiten Weltkrieg, sondern begründet damit auch den Verdacht, Araber bzw. Palästinenser seien stets in der Lage, eine neue Shoah zu entfesseln. Da Shoah-Leugner besonders in der arabischen Welt und unter israelischen Arabern viel Zustimmung finden, scheint dieser Verdacht nicht unbegründet zu sein, so dass man immer wieder auf ihn zurückgreift, selbst wenn der tatsächliche Nachweis fehlt. Paradox ist, dass auch der Versuch israelischer Araber, zum Thema der Shoah eine sachliche Haltung einzunehmen, eher auf eine reservierte Haltung in der jüdisch-israelischen Öffentlichkeit stößt, und zwar vielleicht gerade deswegen, weil sie die Taktik des Vorwurfs der Shoah-Leugnung entwertet, so dass dieses Argument im Komplex der Angstmacherei seine Effektivität verlieren könnte.

Der arabisch-israelische Rechtsanwalt Chaled Machmid hat in der Stadt Nazareth 2005 ein Shoah-Museum gegründet, weil er davon überzeugt ist, dass man die arabische Gesellschaft über dieses Ereignis aufklären sollte. Dass er Schelte aus der arabischen Welt erhalten würde, hatte er erwartet. Doch er wurde auch von jüdischer Seite kritisiert. Die ADL hegte sofort den in diesem Fall völlig unbegründeten Verdacht, Machmid möchte die Shoah mit der *Nakbah*, also mit der Katastrophe der Palästinenser durch die Staatsgründung Israels 1948, vergleichen und Shoah-Leugnung betreiben. Ähnlich sah auch die Reaktion in Israel selbst auf die Initiative aus. Eine militante Überlebende der Shoah äußerte die Befürchtung, das Museum werde die Shoah falsch, also israelkritisch darstellen. Dabei soll nicht unerwähnt bleiben, dass im ebenfalls 2005 eröffneten neuen Yad-Vashem-Museum in Jerusalem die Texttafeln auf Hebräisch und Englisch, nicht aber auf Arabisch abgefasst sind, obwohl Arabisch eine der zwei offiziellen Sprachen des Staates Israel und die Sprache eines Fünftels der Bevölkerung ist.

Zur Teilnahme an der Gedenkveranstaltung in Auschwitz am 27. Januar 2010 haben sich nur wenige Knesset-Abgeordnete gemeldet – eine Polenreise im Winter ist für viele wahrscheinlich weniger attraktiv als eine Reise nach New York. Als aber der arabische Abgeordnete Mohammad Barackeh seinen Wunsch zur Teilnahme signalisierte, kam es zu einer keineswegs überraschenden Reaktion: Er erhielt Drohbriefe (»Du sollst Auschwitz mit deiner Anwesenheit nicht kontaminieren«!), während der Knesset-Abgeordnete der Likud-Partei Dani Danon meinte, man solle ihn aus der Delegation ausschließen. Dieser Vorschlag wurde jedoch vom Knesset-Präsidenten zurückgewiesen. Jeder Versuch also, die Shoah nicht schablonenhaft zum Schüren der Angst vor der nächsten Shoah der Juden zu instrumentalisieren, ruft ablehnende Reaktionen hervor. Die erklärte Absicht von Machmid, durch die Verbreitung von Informationen über die Shoah den Frieden zwischen Israelis und Arabern voranzubringen, fand vermutlich bei israelischen Juden kein positives Echo, weil sie im Widerspruch zum oben skizzierten Missbrauch der Erinnerung an die Shoah steht. Bereits 1994 produzierte der israelische Filmemacher Asher Tlalim den Dokumentarfilm *Fasst mir die Shoah nicht an*, der sich mit der Problematik der Shoah als Aspekt im arabisch-jüdischen Konflikt befasst. Der Film und vor allem sein Titel ist mit der Zeit immer aktueller geworden.

Missbrauch der Shoah findet sich aber nicht nur auf israelischer Seite. Araber, Palästinenser und Europäer mit schlechten Gewissen greifen auf die Shoah zurück, um die palästinensische Sache zu unterstützen. Betrachtet man die Gründung des Staates Israel, ja den Aufstieg und Erfolg des Zionismus als Resultat der Shoah, ist alles, was Palästinensern an Unrecht geschehen ist, per definitionem den Europäern, vor allem den Deutschen, anzulasten. Daraus resultiert die Legende von der Verantwortung Deutschlands oder Europas gegenüber den Palästinensern, die unabhängig ist von komplexen Entwicklungen und von anderen Elementen des Konflikts. Wohlgemerkt: Der Zionismus und mit ihm die Auswanderung von Juden nach Palästina entstanden in Europa, aber lange vor der Shoah. Der Missbrauch durch Palästinenser, Deutsche und Europäer kommt wiederum den jüdisch-israelischen Interessen entgegen – so werden Vorurteile bestätigt, die die geschürte Angst vor der Wiederkehr der Shoah, diesmal im Nahen Osten, nähren. Aufgrund der kontinuierlichen Präsenz des Antisemitismus und der drückenden Last der Erinnerung an die Shoah im israelischen und jüdischen Selbstverständnis ist die Angst vor dem Frieden – der aus dieser Perspektive trügerisch erscheinen muss – größer als die Angst vor dem Krieg.

Fazit: Wie man die Angst überwinden kann

Zum Tango gehören zwei. Für den nicht enden wollenden Tanz auf dem Vulkan Nahost sind ebenfalls zwei Partner erforderlich. Man darf nicht außer Acht lassen, wer die stärkere Partei ist und wer die Besatzungsmacht. Und doch: Beide Parteien, Israelis und Palästinenser, Juden und Moslems, schaukeln sich gegenseitig hoch und tragen so dazu bei, dass der Konflikt weiter besteht.

Auch *in* der israelischen Gesellschaft – und darum ging es in meinen bisherigen Ausführungen – gehören zwei Partner zum Tangotanzen: die erpresserische Minderheit und die mitziehende Mehrheit, die sich aus ihrer Position als Geisel nicht mehr herauswagt oder nicht mehr herauswill, weil sie sich mittlerweile an den Status quo des Unfriedens gewöhnt hat und die für seine Fortsetzung nötigen Ausreden akzeptiert. Seit der Mörder von Yitzhak Rabin 1995 die große Chance zunichte machte, den Konflikt zu beenden, befindet sich der Nahe Osten, befindet sich Israel wieder in einer Sackgasse, in einem Teufelskreis der Krisen, Illusionen und Enttäuschungen oder im Todestanz – jede dieser Metaphern passt.

Die verschiedenen Interessengruppen in Israel, für die ein Kompromiss mit den Palästinensern (oder auch mit Syrien) das Ende ihrer Vorteile bedeuten würde und für die ein Friede prinzipiell nur ein Scheinfriede sein kann, kennen die Schwächen der Mehrheitsgesellschaft – mittlerweile einer typischen westlichen »Spaßgesellschaft« –, die ihre so gründlich gepflegten Ängste nicht mehr loswerden kann, und nutzen dies für ihre Zwecke. Die El-Aksa-Intifada hat zwar wie auch der Zweite Libanonkrieg oder der Gazakrieg auf jüdischer Seite Menschenleben gekostet und Sachschäden verursacht, aber am Ende dieser Schlachten hat sich angeblich die Lage immer wieder beruhigt, das Leben im Wohlstand ist wieder eingekehrt und die Logik der israelischen Politik hat sich bestätigt: Relative Ruhe herrscht seit 2005 für Israel an der palästinensischen Front, Ruhe gibt es für den Norden Israels seit 2006 und seit Januar 2009 auch um den Gazastreifen herum. Die Mehrheit der Israelis möchte diese Ruhe nach dem Sturm eher als Ausdruck eines Erfolges verstehen, eines Erfolges, den man der festentschlossenen, harten Politik Israels zu verdanken hat. Die Mauer bzw. der »Sicherheitszaun« gilt als Erklärung für den Rückgang von Terroranschlägen gegen Israelis; die massive Bombardierung des Libanon im Juli 2006 und des Gazastreifens 2008/09 gilt als passende Lehre, die »den Arabern«, die bekanntlich nur die Sprache der Gewalt verstehen, erteilt wurde. Und wenn diesem Erfolgsgefühl und der Rechtfertigungsstrategie das Argument entgegengestellt wird, solche Härte erzeuge langfristig nur Frustration, Demütigung und Lust auf Rache, so dass der Teufelkreis niemals ein Ende finden werde, hat man sofort das folgende Stereotyp parat: Israel ist das meistbedrohte Land auf der Erdkugel (behauptete Netanyahu in seiner Rede vom 17. November 2009), und anders als für die Galut-Juden ist für die Zionisten die angemessene Antwort: Waffen. Israels bedrohte Situation, so gibt man zu verstehen, resultiere aus der antisemitischen, antiisraelischen Haltung der Araber (und der *Gojim*), unabhängig von der Handlungsweise Israels. Mehr noch: Auf diesem Hintergrund kann Israel nichts Falscheres tun, als entgegenkommend und kompromissbereit zu sein, denn gerade das wird »vom Feind« als Schwäche und als Aufforderung zum nächsten Schlag gegen Israel und die Israelis gewertet. Wir, also das israelische Volk, wollen aber nicht, um noch einmal Benjamin Netanyahu zu zitieren, »die ›Freier‹ sein«. Avigdor Lieberman hat – bevor er Außenminister wurde – diesen Standpunkt noch salopper formuliert: »Israel muss ein für allemal verrücktspielen, um etwas zu ändern«, um im der Region Ordnung zu schaffen. Das heißt: Israel muss den unberechenbaren Typen spielen und den anderen Angst einjagen, statt selbst in Angst zu leben.

Und das ist das Entscheidende: Durch Ängste motiviert, die auf einer gezielten und einseitigen Geschichtsinterpretation und auf im Sozialisationsprozess eingebauten Behauptungen beruhen, sucht man eher nach dem Befreiungsschlag, der dem anderen Angst einjagt und ihn im Zaum hält. Wenn man bestimmte Fakten einfach ignoriert, zum Beispiel, dass drei Fünftel der Palästinenser für die Zwei-Staaten-Lösung plädieren; wenn man unangenehme Dinge verdrängt wie die Behandlung der Palästinenser, die hinter dem Zaun bzw. hinter der Mauer leben; wenn man dazu verleitet wird, daran zu glauben, dass alle Welt sowieso nichts Besseres zu tun hat, als Israel zu hassen und zu bekämpfen, dann geht diese Auslegung der jüngsten Geschichte der Juden und Israels auf. Dann klingen auch Liebermans Tiraden als frischgebackener Außenminister in einem Interview für die meistverkaufte Zeitung in Israel im September 2009 nicht zu radikal: »Man muss aller Welt erklären, dass im Nahen Osten die Schwächlinge (im umgangssprachlichen Hebräisch: *Laflafim*) keine Überlebenschance haben.« Die Araber in und außerhalb Israels könnten sich nur deshalb gegenüber Juden ein respektloses Benehmen leisten, »weil wir ihnen eine Botschaft der Schwäche übermitteln«. Die Politik Israels folge daher dem Prinzip »nicht aufgeben, nie tolerant sein«. Lieberman ist aber nicht der Einzige, der so denkt, und sollte er wegen seiner Verwicklung in den einen oder anderen Skandal das Amt niederlegen müssen, wird ein Ersatz leicht zu finden sein.

Die israelische Gesellschaft, die die existenzielle Angst zum obersten Gebot machte, hat deshalb viele ihrer Hemmungen verloren. Dass die Verrohung der Gesellschaft über die Grüne Linie in das Kernland schwappte, zeigt sich nicht nur auf den Rängen der Fußballstadien oder im Kampf der israelischen Unterwelt auf offener Straße (wo israelische Araber keineswegs unterrepräsentiert sind). Als vor 7 Jahren die Debatte um den »Sicherheitszaun« entfacht wurde, waren mehr als 80 Prozent der jüdischen Israelis, so die Umfrageergebnisse der Soziologen Epi Ya'ar und Tamar Hermann, die die Stimmung in der israelischen Gesellschaft systematisch Monat für Monat registrieren, für den Bau des Zauns, ein klares Votum – Ausdruck der damals verständlichen Angst vor Selbstmordanschlägen. Auf die nächste Frage, nämlich ob beim Bau des Zauns auf das dadurch entstehende Leid der Palästinenser Rücksicht genommen werden solle, antworteten etwa zwei Drittel mit Nein. Besonders krass war die Antwort aus dem rechten Flügel, vom Likud bis hin zur Partei der Nationalen Einheit – dort waren es zwischen 75 und 87 Prozent. Noch extremer war die Haltung beim Thema »gezielte Liquidierung« von Terroristen auch um den Preis der Tötung unschuldiger Zivilisten. Diese Zahlen sind so hoch, dass sie weitgehend die Bereitschaft der klaren Mehrheit der Israelis relativieren, einen Staat Palästina an der Seite Israels zu akzeptieren.

Die labile und von Angst geleitete Haltung der Mehrheit der israelischen Gesellschaft kennend, haben die extremen Gruppen, auf die in dieser Abhandlung eingegangen wurde, keine große Mühe, sich durchzusetzen. Die Mehrheit hat eben genügend Angst vor der Ungewissheit, aber auch vor den Gruppen selbst. Deshalb wird sie keine Lanze für eine Alternative brechen. Wer will schon eine Auseinandersetzung mit den Siedlern, mit Ultraorthodoxen, mit überzeugten und aggressiven Zionisten der postzionistischen Ära riskieren? Noch schlimmer ist aber, dass diese Hilflosigkeit sich mit Sprüchen und Argumenten, die der israelischen Gesellschaft von den eben genannten Gruppen in den Mund gelegt werden, kompensieren lässt. »Nicht wir, sondern die Muslime entschieden sich für die Feindschaft«, hieß es sogar in *Hamodi'a*, einer ultraorthodoxen, früher nichtzionistischen Zeitung. Für die Araber geht es nicht um Nablus oder Hebron in der Westbank, sondern um Tel Aviv und Beer Sheba im Kernland Israel, betonen die Siedler immer wieder. »Die Araber haben nur schlechte Absichten ... Gott bereut es, dass er sie geschaffen hat. Ihr Hass auf die Juden ist größer als der Hass der Nazis«, schrieb in der ultraorthodoxen Zeitung *Welt des Chasidismus* ein gewisser Isaac Ben Seev. In diesem Fall schaltete eine Menschenrechtsorganisation die Staatsanwaltschaft ein, aber weniger extreme Aussagen bleiben ungeahndet und hinterlassen ihre Spuren in der allgemeinen Stimmung. Die israelische Version des Stockholm-Syndroms.

Wie dargestellt, gibt es eine Interaktion zwischen Militärs, Siedlern, Ultraorthodoxen, Akademikern und anderen, die aus großer Überzeugung agieren und die Absicht, auf die Karten der Verunsicherung und Ängste zu setzen, besonders militant verfolgen. Sie haben sich die jüdische Geschichte, den Zionismus, die Shoah angeeignet und beanspruchen sie für sich. Sie tun ihre Gegner als Verräter, Ignoranten und Bösewichte ab. Sie wissen Bescheid: Von den Diasporajuden und aus dem Westen haben sie keine ernstzunehmende Opposition zu befürchten, beide werden als Geiseln behandelt. Solange in den USA – so die jüngsten Gallup-Meinungsumfragen – 63 Prozent der Bevölkerung Israel unterstützen und nur 15 Prozent die Palästinenser, während etwa 60 Prozent sowieso keine Hoffnung auf einen erfolgreichen Verlauf von Friedensgesprächen haben, kann die israelische Politik ihren Kurs weiter konsequent verfolgen. Da Benjamin Netanyahu vornehmlich auf die Vereinigten Staaten schaut, sind diese Zahlen Balsam für seine Seele. Falls überhaupt Kritik aus akademischen Kreisen in Amerika oder aus Europa aufkommt, kann man sie ohne Weiteres als impotent oder als schlicht antisemitisch abtun und dabei einen weiteren Beweis für den antiisraelischen und antisemitischen Charakter der Welt gewinnen.

Dass man im israelischen Bildungswesen aber doch an der Bekämpfung von Ängsten interessiert ist, zeigte eine Anweisung des leitenden Wissenschaftlers im Bildungsministerium, der seinen Posten bekleidet, weil er Likud-Funktionär ist: Er hat sich zum Ziel gesetzt, die unbegründete Angst vor dem von Menschen verursachten Klimawandel zu bekämpfen. Die wissenschaftlich ohnehin falsche Vermutung von der Erwärmung des Weltklimas, so Doktor Gabi Avital, ignoriere die Tatsache, dass der liebe Gott schon dafür Sorge trägt, dass die Menschheit weiterhin gedeihen wird.

Hätte man mit so viel Vertrauen auf den lieben Gott nicht auch einen Frieden mit den Nachbarn wagen können?

Ulf Schmidt
Hitlers Arzt Karl Brandt
Medizin und Macht im Dritten Reich
Aus dem Englischen von Helmut Ettinger,
Katia Mai und Carina Tessari
Mit 52 Abbildungen
750 Seiten. Gebunden
ISBN 978-3-351-02671-4

Die Normalität des Inhumanen

Karl Brandt (1904 - 1948), der ursprünglich als Arzt im Umfeld Albert Schweitzers tätig sein wollte, gehörte seit 1934 zu Hitlers Führungszirkel. Der talentierte Chirurg und Organisator setzte mit mörderischer Konsequenz Vorstellungen vom gesunden Volkskörper um. Bis zu seiner Hinrichtung bekannte sich der enge Freund Albert Speers entrüstet als »nicht schuldig« und verteidigte überzeugt die Euthanasie. Ulf Schmidts fesselnde Darstellung erschließt über den vielschichtigen Charakter Karl Brandts die Hintergründe für die Normalität des Inhumanen im Nationalsozialismus und führt hin zu aktuellen Debatten über die Ethik der Medizin.

»Schmidt zeigt, wie Brandt sich vom Anhänger der Philosophie der ›Ehrfurcht vor dem Leben‹ eines Albert Schweitzer zu dem Mann entwickelte, der für Massenmord verantwortlich war.«
BBC History Magazine

Mehr Informationen erhalten Sie unter
www.aufbau-verlag.de oder in Ihrer Buchhandlung

aufbau

Thomas Lackmann
Das Glück der Mendelssohns
Geschichte einer deutschen Familie
Mit 43 Abbildungen
576 Seiten
ISBN 978-3-7466-2390-0

Eine außergewöhnliche Familiengeschichte

Diese reich bebilderte Familiengeschichte schildert erstmals die Welt der Mendelssohns über fünf Generationen vom 18. Jahrhundert bis ins Jahr 1938. Fesselnd und kenntnisreich erzählt Thomas Lackmann, ein Nachfahre Moses Mendelssohns, das Schicksal dieser großen deutschen Familie zwischen Tradition und Aufbruch, Macht und Moral, Begabung und Glück. Vielfältig und über einen längeren Zeitraum als jede andere bürgerliche Familie haben die Mendelssohns deutsche Kultur geprägt. Ihre bedeutendsten Mitglieder werden im Zusammenhang der Generationen und auf der Grundlage bisher unveröffentlichter Quellen porträtiert.

»Thomas Lackmann erzählt sehr schön die Kulturgeschichte der Mendelssohns – mit bewundernswerter Quellenkenntnis und großer Anschaulichkeit.« Die Zeit

Mehr Informationen erhalten Sie unter
www.aufbau-verlag.de oder in Ihrer Buchhandlung

aufbau taschenbuch